AF145842

Das geistige und materielle Weltbild

Das geistige und materielle Weltbild

Wie sich das ganzheitliche spirituelle Weltbild vom Weltbild des Materialismus unterscheidet.

Baron Árpád von Nahodyl Neményi

Books on Demand GmbH, Norderstedt

Bibliografische Information der Deutschen Nationalbibliothek
Die Deutsche Nationalbibliothek verzeichnet diese Publikation in der Deutschen Natio-
nalbibliografie; detaillierte bibliografische Daten sind im Internet über www.dnb.de
abrufbar.

© 2015 Baron Árpád von Nahodyl Neményi

Herstellung und Verlag: BoD – Books on Demand, Norderstedt
ISBN 978-3-7347-7323-5

4

Inhaltsverzeichnis

Vorwort

Es gibt mehr Ding' im Himmel und auf Erden,
als Eure Schulweisheit sich träumt, Horatio.
(William Shakespeare, Hamlet 1, 5)

In diesem Buch geht es um die Vorstellung des spirituellen und naturreligiösen bzw. ganzheitlichen Weltbildes und zum kleineren Teil auch um die Auseinandersetzung mit dem materialistischen Weltbild.

Das materialistische Weltbild ist das heute vorherrschende, es stützt sich auf die Aussagen der Schulwissenschaften und lehnt die Vorstellung, daß auch übersinnliche Dinge existieren, kategorisch ab. Materialistisch bedeutet, daß die Materie, der Stoff, gilt, also das, was man anfassen kann, sehen und messen, was unsere Sinne erfassen können. Alle Aussagen sollen nachprüfbar und nachvollziehbar sein. Es ist auch ein Weltbild der Aufklärung.

Demgegenüber steht das spirituelle Weltbild, also das Weltbild, welches sich mit den spirituellen Dingen, den geistigen Dingen, befaßt. Man kann es auch transzendentes Weltbild nennen oder übersinnliches Weltbild. Dazu zählen auch die Aussagen der Mythologien und Religionen sowie der Esoterik. Diese Aussagen sind für unsere Sinne nicht ohne weiteres nachvollziehbar, und daher wird auch gerne vom Glauben geredet.

Beide Weltbilder stehen seit der Aufklärung im Gegensatz zueinander. In der Vergangenheit gab es heftige Auseinandersetzungen von Vertretern beider Weltbilder. So vertrat die Kirche früher ein spirituelles Weltbild und die Naturwissenschaftler unterlagen strikten Repressalien, wenn sie ihre materialistische Weltsicht vermitteln wollten. Galilei mußte abschwören, ähnliche Fälle sind bekannt und nicht selten landeten Vertreter des materialistischen Weltbildes auf dem Scheiterhaufen.

In der Zeit des Kommunismus dagegen war es genau umgekehrt: Nun wurden Religionen verboten und verfolgt, Vertreter des spirituellen Weltbildes wurden ermordet oder kamen z. B. in der Sowjet-Union nach Sibirien. Aus dem Sowjet-Imperium ist uns besonders die Verfolgung der Schamanen bekannt geworden.

Man sollte meinen, wir Menschen hätten aus der Geschichte gelernt und der Streit dieser Weltbilder gehört endgültig der Vergangenheit an. Das ist aber leider nicht so; wenn es heute keine Scheiterhaufen mehr gibt und kein Sibirien, dann deswegen, weil z. Zt. eines der beiden Weltbilder (nämlich das materialistische) in der absoluten Vorherrschaft steht und der Gegner ziemlich in die Defensive gedrängt wurde. Man könnte sagen: Der Krieg ist durch den Sieg der einen Seite vorerst beendet. Damit ist allerdings die Frage um die es eigentlich ging, noch lange nicht geklärt. Letztendlich geht es um nichts weniger als die Existenz Gottes und den Sinn des Lebens.

Das spirituelle Weltbild kennt seit der anonymen Veröffentlichung des Buches Kybalion im Dezember 1908 in Chicago verschiedene fundamentale kosmische Gesetze oder hermetische Prinzipien, nämlich das Kausalitätsgesetz, Analogiegesetz, Resonanzgesetz, Rhythmusgesetz, Mentalitätsgesetz, Polaritätsgesetz und das Energieerhaltungsgesetz. Diese Prinzipien sollen von Hermes Trismegistus stammen. Ich werde sie in den entsprechenden Abschnitten mit erläutern.

Dieses Buch will nicht erneut für eine kriegerische Auseinandersetzung beider Weltbilder werben, sondern will vermitteln, will die Fehler, die frühere Generationen gemacht haben und die zu dieser intoleranten Haltung geführt hatten, aufzeigen. Mir geht es auch darum, das spirituelle Weltbild überhaupt einmal vorzustellen, unabhängig vom Kampf der beiden Weltbilder. Als Vertreter des spirituellen Weltbildes bin ich aber natürlich parteiisch. Wer also dem materialistischen Weltbild anhängt, der soll wissen, daß er hier mit einer anderen Sichtweise konfrontiert werden wird.

Dazu muß aber gesagt werden, daß die Weltbilder nur in den seltensten Fällen in Reinstkultur vertreten werden. Auch Anhänger des spirituellen Weltbildes gehen zum Chirurgen, wenn sie sich den Arm brechen, nicht zum Schamanen, und auch Anhänger des materialistischen Weltbildes nutzen z. B. die alternativen Heilmethoden von Naturvölkern oder spielen Lotto, trotz der so extrem geringen Gewinnchancen. Wir alle haben also Anteile beider Weltbilder in uns, so daß die Auseinandersetzung beider Weltbilder auch eine Auseinandersetzung in uns selbst ist. Insofern will dieses Buch auch helfen, diesen scheinbaren Widerspruch zu klären und uns somit zu einem eindeutigen und ausgereiften Weltbild zu verhelfen.

1.

Ich glaube nur, was ich sehe

Diesen Satz haben wir alle schon einmal gehört: „Ich glaube nur, was ich sehen kann und anfassen". Der Satz ist schon in der Theorie nicht durchdacht, denn wenn wir etwas sehen und anfassen können, brauchen wir an seine Existenz nicht mehr zu glauben, wir wissen, daß es besteht, sofern wir unseren Sinnesorganen trauen. Etwas „glauben" bedeutet doch gerade, etwas für wahr halten, was wir eben nicht sehen oder anfassen oder anderweitig beweisen können. Es gibt wohl niemanden, der etwas sieht und anfäßt, und es dennoch nicht glaubt. Höchstens der Zuschauer einer Bühnenschau eines sog. Magiers. Er sieht die Kaninchen (der deutsche Name für diese hasenartigen Tiere lautet übrigens: „Murkchen") aus dem Hut kommen und glaubt trotzdem nicht daran, daß der Magier gezaubert hätte. Er glaubt also nicht, obwohl er es sieht. Ich würde gerne einmal einen Vertreter des Satzs „Ich glaube nur, was ich sehen kann" mit in so eine Bühnenschau nehmen und ihn dann erneut fragen: Glaubst Du, daß da wirklich Kaninchen herbeigezaubert werden – Du hast es doch gesehen?

„Ich glaube nur, was ich sehe" bedeutet, daß man nur das für existent hält, was man mit den eigenen Sinnesorganen erfassen kann. Wir haben fünf Sinne, nämlich Sehen, Hören, Fühlen, Schmecken und Riechen. Was machen wir nun aber z. B. mit dem Gas Kohlenmonoxid? Es ist farblos und geruchlos, wir sehen es nicht und schmecken es nicht. Trotzdem ist es vorhanden und sogar sehr gefährlich. Oder was ist mit verdunstetem Wasser? Wir können zwar regelrechte Dampfwolken wahrnehmen, die langsame Verdunstung von Wasser aber mit unseren Sinnesorganen nicht erkennen. Sicher, wenn man einen Eimer Wasser in die Sonne stellt, sieht man später, daß weniger Wasser in ihm ist. Aber wer es weggenommen hat, sehen wir nicht. Daß es keine Magie war, sondern ganz natürlich vorging, wissen wir, weil wir es gelernt haben (und nicht, weil wir es sehen konnten). Wir wurden also entsprechend naturwissenschaftlich konditioniert, so daß wir die Erfahrung erklären und verstehen können. Obwohl ich trotzdem Probleme hätte, zu erklären, warum Wasser einfach so langsam in die Luft geht. Aber egal, das mögen Physiker genauer machen.

Zurück zu unseren Sinnesorganen und unseren fünf Sinnen. Damit können wir also die materielle Welt erfassen. Aber wie sieht es mit der spirituellen Welt aus? Man nennt diese ja auch „übersinnliche Welt" – es kann also gar nicht funktionieren, daß wir mit den uns zur Verfügung stehenden Sinnesorganen das Übersinnliche wahrnehmen könnten – das ist doch schon vom Ansatz her unmöglich. Das Sinnliche kann nie das Übersinnliche wahrnehmen. So, wie auch unser Gehör nur eine bestimmte Frequenzbreite von Tönen hören kann oder unser Auge nur ein bestimmtes Spektrum von Farben sieht. Gibt es deswegen andere Töne (z. B. Ultraschall) nicht, gibt es andere Farben (z. B. Infrarot) nicht? Sind diese Töne und Farben deswegen „übersinnlich"?

Die Physik lehrt uns, daß es diese Töne und Farben gibt und wir glauben das. Wir müssen uns darüber klarwerden, daß unsere Sinnesorgane nicht alles wahrnehmn können, was es gibt. Es gibt Dinge, die real sind, die wir aber trotzdem mit unsern Sinnesorganen nicht erfassen können. Unsere Weltsicht ist also eingeschränkt.

Nun gut, das wissen wir, und mit verschiedenen wissenschaftlichen Techniken ist es uns ja trotzdem möglich, die Existenz von Ultraschall und Infrarot zu beweisen. Die Wissenschaft hat es uns irgendwie bewiesen – für Menschen die vor 500 Jahren lebten, gab es so etwas aber eindeutig noch nicht. Der Horizont hat sich erweitert.

Sind wir damit nun am Ende? Ist alles, was außerhalb unserer sinnlichen Wahrnehmung liegt, damit endgültig bewiesen und mehr gibt es nicht? Oder ist es nicht vielmehr so, daß es weitere Dinge gibt, die wir jetzt noch nicht kennen oder ahnen, die aber in den nächsten Jahrzehnten und Jahrhunderten auch wissenschaftlich bewiesen werden können? Das werden viele wohl bejahen, denn die Wissenschaft geht ja immer weiter, die wissenschaftlichen Erkenntnisse nehmen immer mehr zu. Es gibt also Dinge, die wir heute noch nicht kennen oder gar beweisen können. Es wäre also doch ziemlich dumm, wenn wir heute behaupten würden: Es ist alles erforscht, mehr existiert nicht. Nein, wir stehen ja bestenfalls am Anfang der Entwicklung. Dann aber kann man doch erst recht nicht als Anhänger des materialistischen Weltbildes auf Menschen des spirituellen Weltbildes herabsehen, die von einer transzendenten Welt ausgehen und denen die Grenzen der Materie nicht gelten. Dieses „Mehr" wird ja nicht erst in dem Augenblick existent, in dem man es wissenschaftlich beweisen kann. Ultraschall (den z. B. Fledermäuse abgeben) gab es schon immer, nicht erst seit dem Augenblick, wo Wissenschaftler ihn irgendwie nachgewiesen haben. Auch andere Dinge, die heute noch nicht bewiesen werden können, gibt es bereits. Es wäre doch klug, das irgendwie im eigenen Leben zu berücksichtigen. Dazu gehört z. B. der Komplex der Gedankenübertragung (Telepathie). Man kann sagen: Das ist nicht beweisbar, das lehne ich ab. Man kann sich aber auch derartige Techniken zunutze machen, ohne auf einen schulwissenschaftlichen Beweis zu warten (wie es sogar die Militärs der beiden Großmächte mit der Telepathie getan haben). Ansonsten würde man sich ja gegenüber der Realität einschränken, was doch nicht sinnvoll wäre. Derjenige, der also an alte religiöse Überlieferungen glaubt und sie in sein Handeln einbezieht, der hat mehr Möglichkeiten, als derjenige, der nur das nutzt, was schulwissenschaftlich bewiesen ist.

2.
Ist die Spiritualität beweisbar?

Damit sind wir bereits beim wichtigsten Kritikpunkt des materiellen Weltbildes am spirituellen Weltbild: Das, was dort behauptet wird, ist eben leider wissenschaftlich nicht beweisbar. Ist es so?

Unsere Wissenschaften teilen wir in zwei Gruppen: Naturwissenschaften und Geisteswissenschaften. Zu den Naturwissenschaften gehören z. B. die Physik, die Biologie, die Chemie, die Mathematik. Zu den Geisteswissenschaften gehören z. B. die Philosophie, die Germanistik, die Musik. Ich möchte aber nun noch eine dritte Gruppe einführen, die Transzendenz („Übersteigen", Dinge die außerhalb der Sinneswahrnehmung liegen). Hierzu gehört die Spiritualität, Esoterik, Religionen (was ihre transzendenten Lehren betrifft, nicht aber ihre Geschichte oder bestimmte Bräuche) usw.

Jede Wissenschaft funktioniert nach ihren eigenen Gesetzen und Axiomen. Die Mathematik z. B. definiert ihre Zahlen und kann dann damit rechnen. Sie geht dabei durchaus sogar in Bereiche, die imateriell sind. Das einfache Addieren z. B. ist noch rein von der Natur abgesehen: Ein Apfel und dazu ein weiterer Apfel ergibt zwei Äpfel. Aber es geht weiter: Ein Apfel minus drei Äpfel ergibt „minus zwei Äpfel". Was sind „Minusäpfel"? Das sind Schulden. Man hat also zwei Äpfel Schulden. Schulden sind aber eine gedachte Größe, und eigentlich nicht materiell. Und wenn man dann noch Brüche und imaginäre Zahlen dazunimmt, erkennt man, daß ein Großteil der Mathematik eigentlich eher eine Geisteswissenschaft, als eine Naturwissenschaft ist. Jedenfalls funktioniert die Mathematik nach ihren eigenen Regeln und Festsetzungen; würde man andere Definitionen verwenden, würde es nicht mehr gehen.

Auf jeden Fall aber können wir mit den Regeln der Naturwissenschaften niemals eine Geisteswissenschaft beweisen. Das sind ganz andere

Bereiche. Die Schönheit eines Gedichtes (aus der Germanistik) können wir mit den Regeln der Physik oder Mathematik nicht beweisen. Wir können zwar Silben auszählen und damit den Rhythmus eines Gedichtes analysieren, aber seine Schönheit können wir so nicht beweisen. Umgekehrt nützt uns die Kenntnis der Philosophie nichts, wenn wir einen physikalischen Beweis führen wollen oder ein physikalisches Phänomen erklären wollen. Die Bereiche der Naturwissenschaften und der Geisteswissenschaften sind also strikt getrennt und eigentlich nicht miteinander kompatibel.

Nun nehme ich den dritten Bereich, die Transzendenz, das Spirituelle. Es ist wieder ein eigener Bereich, und der entzieht sich auch jedem Versuch, ihn von einem der andern beiden Bereiche aus „beweisen" zu wollen. Die Transzendenz befaßt sich ja mit einer spirituellen, unsichtbaren, übersinnlichen Welt. Da helfen uns also die Regeln und Gesetze der materiellen Naturwissenschaften gar nicht, wenn wir etwas Transzendentes beweisen wollen. Aber genau das wird immer wieder versucht und der Transzendenz wird vorgeworfen, daß sie nach den Regeln der Naturwissenschaften nicht beweisbar sei. Schon der Ansatz ist falsch, denn mit den Regeln und Gesetzen der Gruppe 1 (Naturwissenschaften) können wir schon Wissenschaften der Gruppe 2 (Geisteswissenschaften) nicht mehr beweisen, erst recht gilt das natürlich für die Gruppe 3 (Transzendenz).

Nehmen wir als Beispiel die Aggregatzustände des Wassers: Gefrorenes Wasser, also Eis, entspricht den materiellen Naturwissenschaften, flüssiges Wasser entspricht den Geisteswissenschaften und gasförmiges Wasser der Transzendenz. Auf Eis können wir sogar gehen, es ist fest, anfaßbar, bearbeitbar und eben verdichtet, materiell. Es kann also mit den Sinnen gut erfaßt werden. Wenn das Wasser aber in seinem flüssigen Normalzustand ist, dann wird es schon schwerer zu handhaben, eigenwilliger, freier. Man kann es noch sehen und anfassen, aber ohne Hilfsmittel transportieren geht schon recht schwer. Aber das Wasser im gasförmigen Zustand ist für uns erst recht nicht mehr greifbar, ja wir können es nur bedingt sehen, nämlich wenn sich Dampf verdichtet. Anfassen oder gar transportieren geht gar nicht mehr.

So ähnlich müssen wir uns also unsere drei Bereiche vorstellen, und der Schulwissenschaftler, der sich mit dem Eis genauestens beschäftigt hat, der kann mit dem unsichtbaren Gas gar nichts anfangen und zweifelt an dessen Existenz.

Ein Spaten eignet sich sehr gut, um Eis zu zerhacken oder zu tragen. Das ist ein materielles Werkzeug für die Behandlung der Materie. Mit einem Spaten kann man aber kaum Wasser transportieren und Wasserdampf entzieht sich vollends der Behandlung mit dem Spaten. Alle Versuche, mithilfe der materiellen Wissenschaften das Vorhandensein oder Nichtvorhandensein spiritueller Phänomene beweisen zu wollen, sind also zum Scheitern verurteilt. Es fehlen uns dazu die richtigen Werkzeuge, denn mit materiellen Werkzeugen können auch nur materielle Dinge bewiesen werden. Mit einem Mikroskop kann man keinen Strom sehen und mit einem Fernrohr kann man zwar in die Ferne sehen, unter Wasser aber hilft es uns nicht viel weiter, weil das ein ganz anderer Bereich ist.

Der Beweis kann also immer nur innerhalb des Bereiches funktionieren, und zwar nach den Regeln, die in diesem Bereich gelten. Beweise in einer Naturwissenschaft funktionieren nach den Regeln dieser Naturwissenschaft, Untersuchungen in einer Geisteswissenschaft gehen nur mit den Regeln der Geisteswissenschaft, und transzendente Phänomene können nur mit den Methoden der Transzendenz belegt werden. Dazu gehört z. B. die Erfahrung.

Man hat z. B. versucht, zu beweisen oder zu widerlegen, daß das Auffinden von Wasser im Boden mithilfe der Wünschelrute (siehe Abb. 1) möglich oder nicht möglich ist. Es wurden dazu mehrere Wasserrohre parallel in die Erde gelegt, die durch Regler unterschiedlich mit Wasser geflutet werden konnten. Es wurden Wünschelrutengänger beauftragt, das jeweils gefüllte Rohr zu finden. Angeblich lagen die Ergebnisse nicht signifikant über dem zu erwartenden Ergebnis, wenn man nur geraten hätte. Für die Anhänger des materialistischen Weltbildes war damit bewiesen, daß man mithilfe von Wünschelruten kein Wasser im Boden finden kann. Die Anhänger aber des Rutengehens nahmen das Ergebnis, um ihrerseits ihre Sichtweise zu begründen. Der Versuch hat nicht dazu beigetragen, beide Seiten zu versöhnen. Schon seine Anordnung war falsch, denn hier sollte ein spirituelles Phänomen mit einem naturwissenschaftlichen Beweisverfahren bewiesen oder widerlegt werden.

Abb. 1: Wünschelrutengänger suchen Erze. Georgius Agricola 1556.

Hoimar von Dithfurt stellte mehrere Personen nebeneinander und ließ Astrologen ihre Geburtshoroskope erstellen. Die Astrologen sollten unter diesen Kandidaten nur an Hand der Horoskope denjenigen heraus-finden, der ein Verbrecher war. Angeblich gelang das keinem der Astrologen und damit war für Hoimar v. Dithfurt die Astrologie selbst widerlegt. Auch diese Versuchsanordnung war nicht richtig, denn die Astrologie ist eine Erfahrungswissenschaft, die Anlagen aufzeigt. So kann sich ein starkgestellter Mars im Horoskop zwar so auswirken, daß der Horoskopinhaber gewalttätig wird, der Mars kann sich aber auch so auswirken, daß er ein guter Sportler wird oder ein sexuell sehr aktiver Mensch. Das Horoskop zeigt eine gewisse Bandbreite, innerhalb der wir uns bewegen, es kann aber nicht zeigen, in welcher Weise wir eine bestimmte Anlage tatsächlich leben. Der starkgestellte Mars kann sich auch gegen den Horoskopinhaber wenden, wenn der diesen Mars nicht selbst auslebt. Dann kann er z. B. das Opfer eines Überfalls werden. Auch dieser Versuch war also unfair in seinem Aufbau. Außerdem kann man wohl kaum eine ganze Erfahrungswissenschaft dadurch abtun, indem man 10 Astrologen findet, die eine Aufgabe nicht lösen.

Nehmen wir z. B. die Meteorologie, eine anerkannte Naturwissenschaft. Man könnte bei einer unklaren Wetterlage 10 Meteorologen bitten, das Wetter der kommenden Tage zu bestimmen. Es kann dann genauso sein, daß sich alle 10 irren, vielleicht irren sich auch nur einige. Niemals aber würde man deswegen die gesamte Meteorologie als Scharlatanerie hinstellen, man würde eher die einzelnen Kandidaten als unfähig bezeichnen, niemals aber die ganze Wissenschaft.

Heute machen es die Meteorologen viel geschickter, sie geben nur noch Wahrscheinlichkeiten an: Mit 60 prozentiger Wahrscheinlichkeit wird es morgen regnen. Solange sie also nicht 100 % angeben, liegen sie automatisch immer richtig. Wenn sie sagen: Mit 99 prozentiger Wahrscheinlichkeit wird es morgen regnen, und es regnet nicht, dann ist ihre Vorhersage dennoch zutreffend, denn es ist das von ihnen berücksichtigte und angesagte 1 % eingetroffen. In Wahrheit drücken sie sich vor einer eindeutigen Aussage. Wenn das die Astrologen machen würden, könnte auch niemand die ganze Astrologie wegen dieser Aussagen anzweifeln.

Jeder hat das schon oft erlebt: Der Wetterbericht sagt Regen an. Wir packen also zur Sicherheit den Regenschirm ein. Doch es regnet nicht. Die meteorologische Prognose war falsch. Wie reagieren wir nun? Hören wir etwa nicht mehr auf den Wetterbericht? Nein, keinesfalls. Schon am nächsten Tag packen wir wieder den Regenschirm ein, wenn wiederum Regen angesagt wird.

Und wenn wir von einem Astrologen oder Hellseher eine Prophezeihung bekommen, dann stellen wir uns darauf ein. Tritt sie dann nicht ein, sind wir nur allzugern bereit, die ganze Astrologie oder Hellseherei als Unsinn zu bezeichnen. Wir messen also mit zweierlei Maß: Hier die anerkannte Schulwissenschaft der Meteorologie, deren Vorhersagen wir grundsätzlich glauben, dort die unwissenschaftliche Astrologie, die wir bei dem kleinsten Fehler bereitwilligst verurteilen.

Was die Wissenschaftler beschreiben, ist die materielle Welt. Die materielle Welt hat aber eine geistige (spirituelle) Ursache, die sehen die Wissenschaftler nicht. Sie sehen also nur die Auswirkungen in der Materie, nicht die Ursachen. Und nun versuchen sie, für diese Auswirkungen eine halbwegs plausible Erklärung zu finden.

Man stelle sich einmal vor, daß jemand große Hagelkörner findet, aber den zugehörigen Hagel (das Gewitter) nicht gesehen hat oder überhaupt kennt. Nun wird er die Körner nach allen Regeln der Wissenschaft analysieren und wird genau angeben können, woraus sie bestehen, aber nicht, woher sie kamen und warum. Er wird also andere Theorien der Herkunft finden, um das ihm Unerklärliche zu erklären. Z. B. daß sich Wasser- und Tautropfen ebenso zusammenklumpen können.

Wissenschaftliche Theorien sind Theorien, nicht mehr. Zuweilen werden sie wieder verworfen - in der Erstauflage von „Brehms Tierleben" wurde noch das Einhorn ausführlich beschrieben. In der Erstauflage des Was-ist-was-Buches „Der Mond" (Tessloff-Verlag) wurde noch behauptet, auf dem Monde könne es eventuell niederes Leben geben.

Das Leben ist nach spiritueller Lehre wie eine Klassenarbeit, man soll zeigen, was man kann und wo man steht, ohne die Regelbücher in der Hand zu haben. Deswegen darf die transzendente Welt nicht nach den Regeln der materiellen Welt beweisbar sein, denn dann würde man nur aus Berechnung das Gute tun.

3.
Wiſſenſchaft iſt Religion und Glaube

Eine provokante These, diese Überschrift. Wie ist das gemeint? Nun, die Spiritualität macht Aussagen etwa über Gott, Götter, Geister oder ein Jenseits. Diese Dinge können wir nicht unbedingt überprüfen, wir sind also darauf angewiesen, sie zu glauben.

Die materiellen Wissenschaften hingegen machen Aussagen über die Beschaffenheit der Materie, die wir angeblich sofort überprüfen können. Deswegen ist die materielle Wissenschaft bewiesen und nachvollziehbar, die Spiritualität aber unbewiesen und reine Glaubenssache. So heißt es jedenfalls allgemein.

In Wahrheit stimmt das natürlich nicht. Auch die Wissenschaft stellt Theorien auf, die nicht unbedingt stimmen müssen. Als die zum Pluto entsandte Sonde „New Horizon" ihre ersten Daten zur Erde geschickt hatte, hieß es, es seien so viele neue Erkenntnisse enthalten, daß 50 % der astronomischen Bücher neugeschrieben werden müssen. Ja, die Wissenschaft geht weiter, erforscht Neues und Unbekanntes und muß daher häufiger alte und überholte Theorien verwerfen zu Gunsten neuerer. Im Umkehrschluß bedeutet das doch aber, daß zuvor 50% der astronomischen Bücher schlichtweg falsch gewesen sind. Die Schüler auf den Schulen, die Studenten auf den Universitäten, alle haben etwas gelernt, was zu 50 % falsch war. Und das ist der normale Weg der materiellen Wissenschaft. Wer das materialistische Welbild hat, der sollte sich im Klaren darüber sein, daß ein Großteil seines Weltbildes nur aus noch unbewiesenen Annahmen und Theorien besteht und daß diese jederzeit verworfen werden können, wenn neue Erkenntnisse gefunden werden. Er hat also tatsächlich etwas der Wissenschaft geglaubt, was sich als unzutreffend herausstellte. Die Wissenschaft fordert also auch einen gewissen Grad von Glauben, ganz ähnlich wie die Religionen und sie ist durchaus nicht fehlerfrei.

Es heißt: Wir können doch alle Erkenntnisse der Wissenschaften nachvollziehen. Etwa Aussagen über Moleküle und Atome: Wir können durch ein Elektronenmikroskop blicken und das, was uns gelehrt wird, nachprüfen. Können wir das wirklich? Nein, nur ein sehr kleiner Kreis von Menschen kann das. Das fängt schon damit an, daß nicht überall so ein Raster-Elektronenmikroskop vorhanden ist. Das gibt es nur in größeren Städten und Forschungseinrichtungen. Der Zugang dazu wird auch nicht jedem gewährt, man muß schon ein Student sein oder Professor, daß einem gestattet wird, derartige teure Geräte zu benutzen. Aber selbst wenn es uns gelingt, mithilfe so eines Gerätes etwas zu betrachten, so haben wir damit doch in keinster Weise automatisch das nötige Verständnis. Bei so einem Elektronenmikroskop sieht man den zu betrachtenden Gegenstand auf einem einfachen Bildschirm. Woher wollen wir wissen, ob wir nicht betrogen werden? Woher wollen wir wissen, daß das bizarre Bild des Bildschirms kein vorgefertigtes Dia ist, sondern tatsächlich den Gegenstand zeigt, den wir sehen wollten und von dem man uns sagt, daß er es sei. Die Technik eines solchen Elektronenmikroskopes ist so kompliziert, daß nicht einmal jeder Professor genau sagen kann, was da im Inneren eigentlich vorgeht. Aber wir haben natürlich Vertrauen an die Wissenschaftler und glauben ihnen. Es wäre ja unlogisch, wenn sie uns belügen würden.

Hand aufs Herz: Wer von den Anhängern des materialistischen Weltbildes unter meinen Lesern hat schon selbst irgendwelche naturwissenschaftlichen Aussagen durch eigene Versuche nachgeprüft (und ich meine nicht die Kindereien, die man im Physikunterricht mit den Schülern veranstaltet)? Wer hat schon selbst einmal durch so ein Elektronenmikroskop gesehen und sich alles erklären lassen, um es zu verstehen und die davon abgeleiteten wissenschaftlichen Aussagen zu überprüfen? Ich wette: Niemand. Wir alle glauben den Wissenschaftlern, glauben den Büchern und den Lehrern. Obwohl sich, wie gesagt, auch schon einmal herausstellen kann, daß 50 % eines wissenschaftlichen Buches falsch gewesen sind. Aber immerhin: Rein theoretisch könnten wir einzelne Experimente auch selbst überprüfen.

Und die Spiritualität? Die kann man angeblich nicht beweisen. Zumindest nicht, wie ausgeführt, mit dem Methoden einer naturwissenschaftlichen Beweisführung, aber mit den eigenen Methoden der spirituellen Lehren wohl schon.

Abb. 2: Sibirischer Schamane in Tierverkleidung. Bild von 1705.

Eine der Aussagen des spirituellen Weltbildes lautet, daß es Geister gibt. Überliefert in zahllosen Mythologien und Religionen, gelehrt durch viele Lehrer und Meister. Müssen wir das ungeprüft glauben? Nein, wir können es theoretisch selbst nachprüfen. Wir können uns z. B. zu einem Schamanen (siehe Abb. 2) in die Lehre begeben und von ihm lernen, auf welche Weise wir Geister wahrnehmen können. Die Spiritualität ist eine Erfahrungslehre, d. h. die Erfahrungen von weisen und hellseherischen Menschen werden weitergelehrt. Seien sie nun in heiligen Büchern aufgeschrieben, egal aus welcher Zeit sie auch immer stammen mögen, oder stammten sie von noch heute lebenden Meistern. Diese Erfahrungen lernen wir kennen. Mithilfe von bestimmten Meditations- und Ekstasetechniken können wir dann eigene derartige Erfahrungen herbeiführen und so die Aussagen in den Mythologien und heiligen Überlieferungen für uns selbst nachvollziehen, indem wir eigene Erfahrungen machen und sie mit den gelernten vergleichen.

Zugegeben, Schamanen sind selten und man muß heute weit reisen, um sie zu finden. Das ist aber nicht die Schuld des spirituellen Weltbildes, sondern die des materialistischen Weltbildes, denn seine Vertreter sorgten dafür, daß der Schamanismus hierzulande ausgestorben ist.
Ja, man muß nicht nur zu einem Schamanen gehen, man muß sich dort auch in die Ausbildung begeben. Wer hat dazu schon Zeit und Lust, nur um etwas zu beweisen? Aber auch wenn wir naturwissenschaftliche Aussagen überprüfen wollen, müssen wir zumindest ein naturwissenschaftliches Studium durchlaufen.

Letztendlich kann man sagen: Beide Bereiche (Naturwissenschaft und Spiritualität) sind für uns überprüfbar, dazu ist allerdings ein tieferes Eindringen in die jeweilige Lehre erforderlich. Da wir dazu aber in der Regel gar nicht bereit sind, sind wir darauf angewiesen, den jeweiligen Vertretern ihres Bereiches (Wissenschaftler, spirituelle Lehrer) zu glauben. Insofern sind Naturwissenschaft und Spiritualität völlig gleich. Ob die Menschen von den Göttern geschaffen wurden, oder sich aus den Primaten entwickelt haben, ist beides nicht beweisbar bzw. beides ist nur nach den Regeln der jeweiligen Fraktion (Transzendenz, Naturwissenschaft) beweisbar.

Es steht die Heilung eines Kranken an, dem die Schulmedizin nicht mehr helfen kann, da er „austherapiert" ist. Nun kommt ein Schamane zu Einsatz, der seine Riten am Bett des Kranken ausführt. Daneben stehen die Schulmediziner mit großen Augen und schauen zu. Nach der erfolgten Heilung geben sie ihre Meinungen dazu kund: Der Schamane hätte nur geschickte Methoden der Suggestion angewendet oder die Selbstheilungskräfte des Patienten aktiviert.

Wie kann das sein, daß sich Schulmediziner anmaßen, die Heilung eines Kranken durch einen Schamanen zu beurteilen? Sie sind als Nicht-Schamanen nicht qualifiziert, sich dazu zu äußern. Aber sie tun

24

es dennoch, und klopfen sich und Ihresgleichen damit auf die Schultern: Alles wirkungsloser Hokuspokus, in Wahrheit habe die Selbstheilungskraft des Patienten diesen geheilt. Was die Schulmediziner dann davon halten, findet sich in Büchern über schamanische Heilungen wieder. Und wir plappern diese „wissenschaftliche" Darstellung brav und kritiklos nach. In Wahrheit maßen sich hier fachfremde Personen an, über etwas zu urteilen, was sie gar nicht kennen. Genausogut könnte man einen Klempner nach den Backrezepten des Bäckers befragen. Schulmediziner glauben in der Regel nicht an Geister und Götter und suchen daher irgendeine andere Erklärung. Ich behaupte, nur eine einzige Person wäre berechtigt, über diese Heilung objektiv zu berichten: Der Schamane.

Umgekehrt würde ich einem Schamanen übrigens auch nicht zubilligen, über die Wirkung eines vom Arzt verschriebenen schulwissenschaftlichen Medikaments zu urteilen, denn er hat ja keine Medizin oder Pharmacie studiert und ist also schlichtweg Laie, wie der Mediziner Laie in Fragen der Geistheilung ist.

Die Astrologie ist eine Lehre innerhalb der Gruppe des spirituellen Weltbildes. Die Astrologie ist eine Erfahrungswissenschaft, wenn man sie also in irgendeiner Weise „beweisen" wollte, müßte man die Erfahrungen einer großen Zahl von Personen und Horoskopen zusammentragen.
Das Problem ist, daß das Sammeln von übereinstimmenden Erfahrungen zwar statistisch relevant ist, aber nie einen naturwissenschaftlichen Beweis liefern kann. Für einen solchen Beweis wären andere Methoden nötig. Das bedeutet im Klartext: Selbst wenn ausnahmslos sämtliche Menschen der Erde bestätigen würden, daß ihr jeweiliges Horoskop eingetroffen ist, wäre das kein im naturwissenschaftlichen Sinne akzeptabler Beweis für die Gültigkeit der Astrologie. Erfahrungen sind immer Einzelfälle, nie ein Beweis.

Bei dieser Ausgangslage ist also ein naturwissenschaftlicher Beweis der Astrologie theoretisch überhaupt nicht möglich. Deswegen wird die Naturwissenschaft die Astrologie niemals anerkennen können, deswegen ist die Astrologie aber nicht falsch oder unzutreffend. Sie hat ihre Erfolge, anders hätte sie sich nicht über mehrere Jahrtausende halten können – länger als alle andern Wissenschaften.

Ich plädiere dafür, jeden in seinem Bereich zu belassen, die Naturwissenschaften als Wissenschaften, die die Materie betreffen und erforschen, die Geisteswissenschaften für die geistigen Bereiche und die Transzendenz für die spirituellen Bereiche, also für die unsichtbaren Welten und Sphären.

4.

Die Mondlandung

In diesem Zusammenhang ist es gegeben, einmal einen Blick auf die Mondlandung von 1969 zu werfen. Ganz eindeutig verlief sie nach den Regeln der materiellen Wissenschaft. Dennoch bezweifeln heute viele Menschen, daß sie überhaupt stattgefunden hätte. Verschwörungstheoretiker glauben, man hätte uns das nur vorgemacht, da es für die USA im Wettstreit der Systeme mit der Sowjet-Union um den Prestigesieg ging. Und Richard Nixen war ja sowieso bekannt für seine Trickserei (Stichwort Watergate). Könnte er die ganze Mondlandung nicht unter strikter Geheimhaltung durch Spezialisten (z. B. Walt Disney oder Stanley Kubrik) getürkt haben? Zumindest die Bilder vom Monde könnten unecht sein, auch wenn eine tatsächliche Mondlandung stattgefunden hätte.

Ich will dies nicht bestätigen, kann dieser Theorie aber auch nicht widersprechen, denn ich muß ehrlich zugeben: Ich weiß es nicht – es ist eine Glaubensfrage. Ich habe keine Möglichkeit, den Wahrheitsgehalt der Darstellung zu überprüfen.

Es gibt immerhin berechtigte Zweifel:

• Die Astronauten müssen ziemlich Lebensmüde gewesen sein, denn die Strahlung außerhalb der Erde ist normalerweise so stark, daß sie davon zumindest schwer krank geworden wären – aber sie hatten übergroßes Glück und die sonst übliche Strahlung blieb aus.

• In den Testflügen fielen sämtliche Landefähren jeweils herunter – die Anordnung und Koordination der Düsen bekam man nicht in den Griff. Dennoch wagten die Astronauten den lebensgefährlichen Flug.

• Auf dem Mond ist nie ein richtiger Horizont zu sehen (siehe Abb. 3).

Abb. 3: Auf dem Mond 1969 – fehlender Horizont?

● Auf Photos verdecken die Astronauten manchmal die Markierungskreuze der Bilder, was doch gar nicht möglich sein kann.

● Die Schatten kommen aus verschiedenen Richtungen.

● Es gibt klare Fußabdrücke im Mondstaub (siehe Abb. 4) – in einem Boden ohne Wasserzusatz gar nicht möglich, da müßte der Staub seine Form verlieren wie trockner Pulversand.

● Es fehlt vom Triebwerk der Landefähre der Abdruck im Sand des Mondes – wenn man mit einer Düse auf den trocknen Boden strahlt, sollte sich doch wenigstens eine Vertiefung bilden.

● Die Astronauten benutzten einen ganz gewöhnlichen Photoapparat mit dem üblichen Kleinbildfilm – und das bei der extremen Kälte auf dem Mond. Eigentlich hätte da ein Photoapparat völlig versagen müssen.

● Der angeblich beim Aussteigen gesagte Satz „Ein kleiner Schritt für den Menschen, ein großer für die Menschheit" war in der Direktübertragung im Deutschen Fernsehen merkwürdigerweise nicht zu hören.
Zu diesen Widersprüchen, mit deren Widerlegung sich bereits viele

Forscher beschäftigt haben, kommen weitere Merkwürdigkeiten: So sind etwa 1 Tonne Mondgestein verschwunden – man sollte doch annehmen, daß die Museen solche wertvollen Proben wie ihre Augäpfel hüten. Aber man kann auch spekulieren, ob das Gestein vielleicht weggeschafft wurde, um damit heute möglichen genaueren Untersuchungen entzogen zu werden, wenn es gar nicht vom Mond stammen sollte. Auch wurde behauptet, man könne heute keine Mondflüge mehr veranstalten, da die damalige Technik (mit Transistoren usw.) heute nicht mehr üblich und verfügbar sei. Und dann wird gesagt, man hätte damals (1969) einen Spiegel auf dem Monde aufgestellt, der noch heutzutage von der Erde mit einem Laserstrahl beschossen wird, um zu messen, wie lange der Strahl braucht, bis er reflektiert wird, später folgten weitere Spiegel. Das ist für die Wissenschaftler ein klarer Beweis für die erfolgte Mondlandung.

Abb. 4: Fußspur eines Menschen auf dem Mond. Merkwürdig, daß der Sand ohne Feuchtigkeit trotzdem nicht zerfließt.

Allerdings: War man 1969 schon so weit, die nötigen präzisen Laserstrahlen, mit denen man einen kleinen Spiegel auf dem Mond treffen kann, zu erzeugen? Oder waren die Spiegelaufsteller regelrechte Hellseher? Und sollte es nicht auch möglich sein, so einen Spiegel durch ein unbemanntes Flugobjekt auf den Mond zu bringen?

Dann heißt es, daß so ein Unternehmen doch sehr viele Mitwisser benötigen würde, von denen sicher irgendwann der eine oder andere reden würde. Würde er wirklich, wenn er weiß, daß er dann ganz schnell von einem Geheimdienst liquidiert werden würde? Und wieviele Menschen braucht man, wenn man in einem großen Studio eine Mondlandschaft mit Sand nachbaut? Man kann ihnen ja erzählen, daß da ein Hollywood-Film gedreht werden soll. Und dann wird nachts mit „kleiner" Besetzung schnell die Mondlandung gedreht. Zufällig gab es 1978 einen tatsächlichen Spielfilm „Unternehmen Capricorn" wo eine getürkte Marslandung in dieser Weise inszeniert wurde, und die Astronauten danach gejagt und teilweise ermordet wurden, damit sie nicht auspacken. Hat dieser Film seine Idee vielleicht von einem Mitwisser der getürkten Mondlandung 1969? Oder haben beide nicht das Geringste miteinander zu tun?

Diese kurze Exkursion zeigt, daß es durchaus berechtigte Zweifel an der tatsächlichen Realität der Mondlandung von 1969 oder der späteren bis 1972 geben kann, und daß allein unser Glaube darüber entscheidet, ob wir der Darstellung der NASA vertrauen, oder den Ausführungen der Verschwörungstheoretiker. In Wahrheit kann niemand mit absoluter Sicherheit sagen, was in diesem Falle wirklich zutrifft. Es gibt für alle der aufgeworfenen Fragen der Zweifler scheinbar überzeugende Antworten, die dann aber oft weitere Fragen aufwerfen. So sollen die überdeckten Markierungskreuze auf den Bildern einfach überstrahlt worden sein, die nicht sichtbaren Sterne und der fehlende weite Horizont wurden von der Blende der Kamera verursacht, die Fußabdrücke resultieren daher, daß es ganz trockner, feiner Staub ist (wie Mehl) usw.

Wie gesagt, ich als Laie kann nicht beurteilen, wessen Argumente zutreffen, und wessen nicht. Es ist eine Glaubensfrage und in den Schulen haben wir alle gelernt, daß man den wissenschaftlichen Darstellungen vertrauen kann. Also tut das die Mehrheit, aber auch sie muß ehrlich zugeben, daß sie nur glaubt, und objektiv gesehen gar nichts weiß.

5.

Es gibt keinen Zufall

Wie stellen sich Anhänger des materialistischen Weltbildes die Entstehung des Lebens vor? Es soll ein „Nichts" gewesen sein, darin kam es zu einem Urknall und so entstand der Raum, die Zeit und die Materie, der Stoff. In der Ursuppe dann entstanden durch Einfluß von Witterungen die ersten Aminosäuren und daraus entwickelten sich Einzeller, erste Lebensformen. Durch zufällige Selektion entwickelten sich höhere Lebensformen und schließlich der Mensch. Für die Götter oder spirituelle Wesen ist in diesem Weltbild kein Platz mehr; ein vermessener Wissenschaftler formulierte es einmal so: „Für Gott ist nur noch Platz fünf Minuten vor dem Urknall" (alles andere war dann Entwicklung ohne Einfluß höherer Wesen). Letztendlich hat also die zufällige Selektion zur Entwicklung des Menschen geführt. Ich muß mich korrigieren, die Urknalltheorie ist heute auch wieder in Frage gestellt (ein weiteres Beispiel dafür, daß sich auch die scheinbar richtigen und bewiesenen Theorien der Wissenschaft regelmäßig ändern): Die Urknalltheorie ist veraltet. Man geht heute von einem vollkommen natürlichem, sich immer wiederholendem Prozeß aus.

Willy G. Fügner schrieb:

>*Vieles ist für den im Materialismus wurzelnden Menschen absolut unerklärlich, denn dieser sieht in der Schöpfung nur blind waltende Kräfte materieller Eigengesetze.*
Die Erkenntnis dieser Zusammenhänge kann nur erreicht werden, wenn es dem Einzelindividuum gelingt, in das wahre Wesen der Natur einzudringen, indem das Eigenbewußtsein im göttlichen Bewußtsein aufgeht.<

Tatsächlich soll nach materialistischer Sicht also der „Zufall" für unsere Entstehung verantwortlich gewesen sein. Wie enttäuschend ist es dann, wenn ich sage, daß es gar keinen Zufall gibt. Das möchte ich hier ein-wenig genauer ausführen.

Wenn wir mit dem Würfel eine Zahl erwürfeln, ist das Zufall. In Wahr-heit aber ist es nur eine Abfolge einer unübersichtlichen oder unbekann-ten Kraft. Wenn ich z. B. den Würfel mit der „6" nach unten auf meine flache Hand lege, diese sehr niedrig über der Tischplatte halte und mit einer bestimmten Drehbewegung nun den Würfel zum Rollen bringe, dann dreht er sich vielleicht 3 ½ mal und die „6" liegt oben. Ich habe eine bestimmte Kraft investiert, auch die Tischplatte, die den Fall des Würfels behindert hat, hat eine Kraft auf den Würfel ausgeübt. Diese Kräfte könnte man auch mathematisch korrekt vektoriell darstellen.

Wenn ich den Würfel nun wieder aufnehme, wieder in gleicher Weise auf meine Hand lege und die exakt gleiche Drehbewegung mache, dann fällt der Würfel auch wieder ganz genauso und zeigt daher auch wieder die Zahl „6". Dies könnte ich so oft wie ich will wiederholen und würde immer wieder dasselbe Ergebnis bekommen – theoretisch. Denn natür-lich ist es mir in der Praxis nicht möglich, die Kraft meiner Hand immer ganz gleich zu halten und den Abstand der Hand zur Tischplatte auch völlig konstant zu lassen. Ein Millimeter höher gehalten könnte dazu führen, daß der Würfel eine halbe Drehung mehr macht und also nicht die „6", sondern die „1" zeigt. Ich müßte den Würfel also auf eine prä-zise arbeitende maschinell betriebene künstliche Hand legen und alle Faktoren absolut gleich halten. Dann käme immer die gleiche Zahl heraus. Die erwürfelte Zahl schreiben wir dem Zufall zu, in Wahrheit – das zeigt dieser Versuchsaufbau – ist sie von den Kräften abhängig, die ich auf den Würfel ausübe. Die Kraft der Handbewegung, die Erdan-ziehungskraft und die Wirkung der Abstoßung auf der Tischplatte. Das Wirken dieser eindeutigen Kräfte bezeichnen wir als „Zufall", weil es uns zu aufwendig ist, jede Einzelkraft genau zu benennen. Zufall ist also nur ein Begriff für ein unerkanntes Gesetz, für eine unerkannte oder unbekannte Kraft oder eine unbekannte Ursache.

Wenn ich nun den Würfel in einen Würfelbecher gebe und diesen schüttele, ändert sich nichts an der Tatsache, daß ich durch mein Schüt-teln eine Kraft auf den Würfel ausübe. Auch die Erdanziehungskraft wirkt wieder, dazu kommt die Abstoßung des Würfels an den Innen-wänden des Würfelbechers. Aber die ganze Angelegenheit wird so komplex, daß ich sie nicht genauso wiederholen kann. Zwar ist denkbar, die wirkenden Kräfte mit einem starken Computer nachrechnen zu lassen, wenn man einen gläsernen Würfelbecher nimmt und das Schütteln und Würfeln mit einer Superzeitlupenkamera filmt, aber man wird es niemals schaffen, daß ein Würfel ein zweites Mal im Würfelbecher exakt so hin und her trudelt, wie beim ersten Mal. Wir wissen zwar, welche Kräfte dort wirken, können es aber auf Grund der Unübersichtlichkeit dieser Kräfte nicht wiederholen.

Ein „Zufall" ist das aber eben nicht, sondern das Wirken eindeutig bestimmbarer Kräfte. Was wir also „Zufall" nennen, ist das Wirken unübersichtlicher oder unbekannter Kräfte.

Wir müssen also die Anhänger des materialistischen Weltbildes fragen, welche Kräfte die zufällige Selektion bewirkt haben, die dazu geführt haben soll, daß wir Menschen entstanden.

Und wir müssen weiter fragen: Gibt es einen Zufall und wenn ja, kann es einen intelligenten Zufall geben? Denn der Mensch ist intelligent, ohne Zweifel (wenn er auch oft genug davon keinen Gebrauch macht). Wenn er sein Entstehen dem Zufall verdankt, dann müßte das ein intelligenter Zufall sein, denn nur etwas Intelligentes kann etwas anderes Intelligentes erschaffen. Die vier Grundkräfte, die derzeit gerade in der Theorie sind, nämlich Gravitation, elektromagnetische Kraft, starke und schwache Kernkraft, sind auch nur wiederum materielle Auswirkungen; nichts wird über die spirituellen Ursachen gesagt.

Wären es nur reine, unintelligente Kräfte, dann könnten diese niemals intelligente Wesen wie uns Menschen hervorbringen. Das geht nicht. Etwas Unintelligentes (Dummes) kann nichts Intelligentes (Kluges) erschaffen.

Nehmen wir den Bildschirm eines Computers. Der Computer hat einen Zufallsgenerator eingebaut, wenn man diesen Zufallsgenerator dazu programmiert, einen vom Zufall ausgewählten Punkt des Bildschirmes mit einem farbigen Pixel zu versehen, wobei die Farbe des Pixels auch vom Zufallsgenerator bestimmt wird, und so der Computer mit der Zeit den ganzen Bildschirm mit bunten Pixeln füllen soll, dann erhalten wir am Ende ein relativ homogenes Bild von unzähligen bunten Punkten.

Nichts anderes wäre zu erwarten. Niemals aber wird der Zufallsgenerator des Computers die Pixel zufällig so setzen, daß ein klar erkennbares Bild entsteht. Wenn wir da ein Bild erkennen, dann nur, wenn unsere Phantasie im Kopf die Pixel entsprechend gedanklich ergänzt. Niemals aber würde der Zufallsgenerator des Computers ein komplettes Rembrandt-Gemälde erzeugen können, geschweige denn ein Gemälde, das es noch nirgends gibt, also selbst kreativ sein. Denn das setzte doch einen intelligenten Zufall voraus.

Und da wollen uns allen Ernstes die Vertreter des materialistischen Weltbildes einreden, daß der Mensch sein Entstehen einem Zufall verdankt, daß etwas Unintelligentes etwas Intelligentes geschaffen haben soll? Das ist absolut nicht möglich!

Bleiben wir bei der Feststellung, daß „Zufall" nur ein anderes Wort für unübersichtliche oder unbekannte Kräfte ist. Wenn wir nun die Aussage, der Mensch sei in Folge des Einwirkens des Zufalls entstanden, entsprechend umformulieren, kommen wir zu der Erkenntnis: Der Mensch ist in Folge des Einwirkens unbekannter oder unübersichtlicher Kräfte entstanden. Da der Mensch relativ intelligent ist, und nur etwas Intelligentes etwas anderes, gleichfalls Intelligentes schaffen kann, müssen diese unbekannten oder unübersichtlichen Kräfte selbst auch intelligent sein. Der Mensch wurde also durch das Wirken intelligenter Kräfte geschaffen. Diese Kräfte nannten unsere Vorfahren „Götter".

Wenn wir den Gedanken, daß es eigentlich keinen Zufall gibt, weiter denken, dann müssen wir auch feststellen, daß viele Methoden der Divination (Orakel) funktionieren. Wenn etwa ein Kartenleger den Klienten eine Karte ziehen läßt, um ihm etwas vorauszusagen, dann wurde die Karte nicht „zufällig" ausgewählt, sondern weil bestimmte Kräfte wirksam waren (siehe meine Bücher der „Zukunftsschau"-Reihe im Kersken-Canbaz-Verlag 2015). Wenn jemand Runenstäbchen oder Lose wirft und davon einzelne erlost, dann wirkt hier gleichfalls kein Zufall, sondern es wirken Kräfte. Es ist also auch an angeblich so profanen Dingen wie dem Orakeln mehr dran, als wir gemeinhin meinen. Wenn ich zu Sylvester flüssiges Blei in bewegtes Wasser gieße, entstehen Figuren, die auch nicht vom Zufall, sondern von bestimmten Kräften geformt wurden und deswegen von mir auch gedeutet werden können.

Abb. 5: Eisblumen an meinem Fenster.

Ich bin selbst immer erstaunt, wie es dem Eis gelingt, die schönsten Eisblumen an mein Fenster zu malen: Da gibt es richtige perspektivische Überlappungen und die ganze Scheibe ist wie ein einziges, in sich stimmiges Gemälde (siehe Abb. 5). Das soll der „Zufall" geschaffen haben? Wohl kaum. Die Menschen, die wegen ihrer Thermo-Plastik-Doppelfenster keine Eisblumen mehr sehen können, sind wirklich zu bedauern. Ihnen entgeht ein echtes Wunder der Natur.

6.

Seele, Tod und Wiedergeburt

Die Anhänger des spirituellen Weltbildes gehen in der Regel nicht davon aus, daß wir nur aus einem materiellen Körper bestehen, sondern aus einer Dreiheit: Körper, Geist(körper) und Seele. Für diese Begriffe werden oft auch andere Worte verwendet, zuweilen wird noch weiter differenziert (Astralkörper, Mentalkörper, Causalkörper usw.), zuweilen werden diese Begriffe auch ein wenig anders verwendet. Ich denke hier an den materiellen Körper, in ihm befindet sich der Geist- oder Astralkörper und darin wiederum die Seele. Beim Tod stirbt der materielle Körper, die Seele und der Astralkörper verlassen den materiellen Körper und leben auf einer andern Ebene weiter (siehe Abb. 6). Die Bibel geht von einer Dreiheit aus in der Genesis (2, 7), nämlich von einem Erdenkloß (Körper), einem Hauch (Geistkörper) und einer Seele. In der Edda (Vsp. 18) werden auch drei Bestandteile genannt, Atem, Od und Lohe (inneres Feuer).

Für die Anhänger des materialistischen Weltbildes gibt es nur den materiellen Körper. Und genau hier kann die Kritik ansetzen: Wie entsteht dieser Körper im Mutterleib? Die befruchtete Eizelle teilt sich immer weiter, bildet immer mehr Zellen, einen ganzen Zellhaufen, aus dem sich der Fötus entwickelt. Jede einzelne Zelle ist völlig identisch, hat die gleiche DNS und trotzdem wird aus jeder einzelnen Zelle ein anderes Organ oder Körperteil. Woher weiß eine Zelle, daß sie später ein Daumennagel werden soll, eine andere soll ein Teil einer Niere werden usw.? Wer regelt das, wo doch alle die gleiche DNS haben? Man denkt unweigerlich daran, daß hier wiederum eine übergeordnete unbekannte Kraft wirken muß. Warum werden diese Zellen zu einem übergeordneten Organismus, und nicht zu lauter einzelnen Wesen, Einzellern? Kein Wissenschaftler kann das erklären, bestenfalls gibt es darüber Theorien. Hat man Krebs, dann fängt eine Zelle plötzlich an, ihre Bestimmung zu verlassen und unkontrolliert zu wuchern. Diese unbekannte Kraft, die

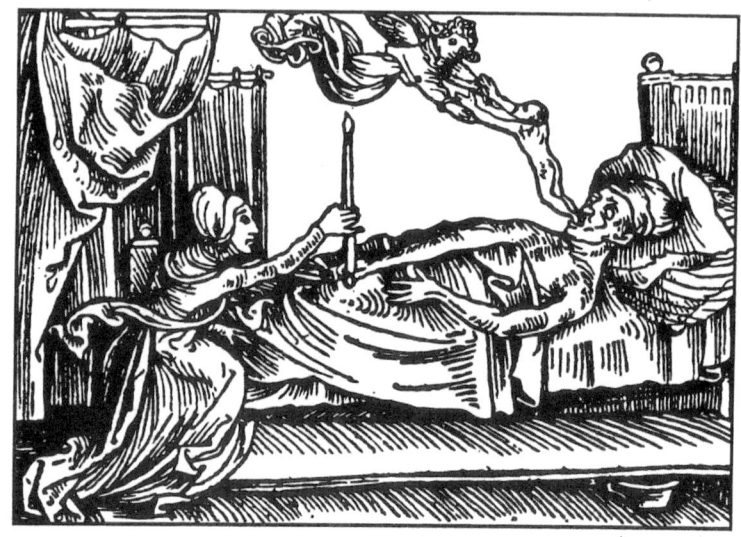

Abb. 6: Die Seele verläßt den Körper durch den Mund und wird von einem Geistwesen in Empfang genommen. Holzschnitt 15. Jh.

alles regelt, scheint aus unbekanntem Grunde plötzlichabwesend zu sein.

Unsere Seele mit dem Geistkörper ist das Übergeordnete, welches unsern materiellen Körper formt, sie ist die Vorlage, nach der sich die Zellen des materiellen Körpers richten. Die Existenz der Seele kann nun wiederum auch nicht bewiesen werden, weil die Seele eben etwas Transzendentes ist, das sich einer materialistisch-naturwissenschaftlichen Untersuchung gänzlich entzieht.

Allerdings gibt es den berühmten Versuch des Gewichtes der Seele. Der Arzt Duncan MacDougall führte diesen Versuch 1907 zuerst durch. Dabei wurde das Bett eines sterbenden Menschen zusammen mit ihm an eine Waage gehängt. Als der Mensch gestorben war, als also nach altem Glauben die Seele des Menschen seinen materiellen Körper verlassen hatte, wurde das Bett samt dem nun toten Körper einige Gramm leichter. Deswegen hat man gesagt, das Gewicht der Seele betrage 21 Gramm. Wissenschaftler haben das mehrfach wiederholt, der niederländische Physiker Dr. Zaalberg van Zelst und Dr. Malta wiesen dabei einen Gewichtsverlust von 69,5 Gramm nach. Wissenschaftler haben angenommen, es handele sich um einen Flüssigkeitsverlust im Augenblick des Sterbens, doch gibt es keinen Grund für die Annahme eines solch derart hohen Flüssigkeitsverlustes. Len Fischer („Der Versuch, die Seele zu wiegen", Frankfurt 2005) glaubt, daß möglicherweise Konvektionsströme (Wärmeübertragungsströme) eine Rolle spielen, doch mußte auch er zugeben, daß es eine befriedigende Erklärung für diesen Gewichtsverlust bisher noch nicht gibt. Wir wissen also hundertprozentig nur, daß es diesen Gewichtsverlust gibt, was ihn genau bewirkt, bleibt Interpretation.

Man kann also die Existenz der Seele mit naturwissenschaftlich-materialistischen Methoden wie erwartet nicht beweisen. Aber ebenso gut kann man naturwissenschaftlich auch nicht beweisen, daß es die Seele nicht gibt. Rein theoretisch ist ja beides möglich.

Die Vorstellung, daß die Seele des Verstorbenen im Jenseits gewogen wird, und wenn sie leicht ist, kommt sie in einen gute Sphäre, wenn sie aber schwer ist, d. h. schuldbeladen, kommt sie in eine Läuterungssphäre, ist uralt. Irgendwann wird sie dann von dort aus wieder in den Körper eines Neugeborenen eintreten und damit eine weitere Inkarnation, ein weiteres Erdenleben beginnen.

Die Ärztin Dr. Elisabeth Kübler-Roß und der Arzt Dr. Raymond Moody haben durch ihre Befragungen von klinisch Toten, die aber wieder reanimiert werden konnten, in Erfahrung gebracht, daß diese Patienten im Augenblick ihres Todes ihren Körper verließen, über ihm schwebten und andere Wesenheiten (z. B. schon früher verstorbene Verwandte) wahrnehmen konnten.

Wie ist nun die materialistische Welt mit diesen Forschungen umgegangen? Zuerst hat man behauptet, es könne sich dabei um irgendwelche Visionen des Gehirns, also traumähnliche Wahnvorstellungen von Gehirnströmen gespeist, handeln. Allerdings hatten Menschen mit diesen Erlebnissen die Augen geschlossen und konnten doch hinterher sogar die Ärzte wiedererkennen, die in das Krankenzimmer getreten waren. Es soll sich um eine von körpereigenen Drogen ausgelöste Übersensibilität des Gehirns handeln, warum das Gehirn aber ohne

Augen sehen können soll, ist unerklärt. Es ist mittlerweile mindestens ein Fall bestätigt, wo ein EEG (Elektro-Encephalogramm) angeschlossen war und keinerlei Ausschlag beobachtet werden konnte. Es handelt sich um Pam Reynolds aus Phoenix, Arizona. Sie sollte im Jahre 1991 am Gehirn operiert werden und wurde deswegen genauestens überwacht, auch mit EEG. Sie hatte dann das bekannte Nahtoderlebnis, schwebte über ihrem Körper, sah einen Arzt und dessen spezielle Instrumente, die sie später beschreiben konnte usw. Und das ganze mit geschlossenen Augen und nachgewiesenen fehlenden Gehirnströmen. Damit sind alle Kritiker, die diese Erfahrungen allein als Kapriolen des Gehirns erklären wollen, aus dem Rennen.

Daraufhin wurde der Begriff „Tod" neu definiert. Man sieht nun den „Tod" als absoluten, nicht umkehrbaren Zustand. Nach dieser neuen Definition kann es also gar keine Menschen geben, die zeitweilig tot waren, denn sie wurden ja wiederbelebt und damit waren sie per Definition nie wirklich tot. Das ist natürlich ein rhetorischer Trick, man macht es sich da zu einfach: Ist jemand nach allen medizinischen Regeln tot, gilt er als tot. Wird er allerdings reanimiert, dann heißt es: Er war nie wirklich tot (man hatte sich also sozusagen bei der Diagnose geirrt). Weil nicht sein kann, was nicht sein darf. Die Medizin verlangt seitdem, daß jemand mindestens 12 Stunden hirntot sein muß, um als „tod" gelten zu können. Deswegen werden diese Erlebnisse nunmehr „Nahtoderlebnisse" genannt, Erlebnisse also, die zwar nahe am Tode sind, aber eben nicht selbst den Tod bedeuten. Das ist aber keine echte Auseinandersetzung mit dem Thema, sondern eine rhetorische Begriffstrickserei.
Wenn jemand völlig leblos ist, solche Erfahrungen macht und nach seiner Wiederbelebung davon erzählt, dann ist es völlig egal, ob man seinen Zustand der zeitweiligen Leblosigkeit nun als „tot" definiert, oder nicht. Das ist nur für Autoren wissenschaftlicher Bücher relevant. Es zählt, daß er in einem entsprechenden definierten Zustand war und daß er bestimmte Erfahrungen gemacht hat. Auch wenn er noch am Leben gewesen wäre, blieben es doch entscheidende Jenseitserfahrungen, die Indizien für ein Weiterleben der Seele oder der Individualität in einer anderen Dimension sind.

Die Nahtoderlebnisse beweisen das Vorhandensein einer Jenseitswelt und eines Weiterlebens. Deswegen ist auch Dr. Kübler-Roß zu dem

Abb. 7: Nahtoderlebnis. Gustave Doré, Dante Alighieri, 1892.

Schluß gekommen, daß das Weiterleben nach dem Tode bewiesen ist. Es wurde durch statistische Auszählungen festgestellt, also das Zusammenfügen zahlloser Einzelerfahrungen. Nach den Regeln der materialistischen Naturwissenschaft aber sind Erfahrungen noch keine Beweise, selbst wenn alle Menschen der Erde solche gemacht hätten. Auch hier geht es ja wieder darum, daß man einen Vorgang aus dem Bereich der Transzendenz nicht mit den Methoden eines anderen Bereiches (der Naturwissenschaften) beweisen kann. Aber auch wenn man tausende solcher Fälle nicht als Beweise akzeptieren will, so sind es doch zumindest eindeutige Indizien. Das ist schon viel für einen Übergangsbereich zwischen Naturwissenschaft und Spiritualität. Die beiden genannten Autoren waren ganz normale Ärzte, keine Esoteriker oder religiöse Schwärmer. Ärzte, die auf ein Phänomen gestoßen sind und es für wert hielten, es genauer zu untersuchen.

Der Neurologe und Psychiater Michael Schröter-Kunhardt sagte:

>*Nahtoderfahrungen sind aus psychiatrischer Sicht klar definiert: Es handelt sich um ein komplexes Bilderleben das aus in allen Kulturen vorfindbaren gemeinsamen Grundelementen besteht. Zu diesen Grundelementen zählen beispielsweise ein Verlassen des Körpers, ein Tunnel- und ein Lichterleben, eine Begegnung mit Verstorbenen und eine Himmels- und seltener auch eine Höllenlandschaft. Diese Grundelemente sind zwar von Kultur zu Kultur und von Mensch zu Mensch unterschiedlich ausgestaltet, lassen aber eine klare Abgrenzung von individuell unterschiedlichen Todesträumen zu. Dementsprechend haben viele Kulturen seit Jahrtausenden schon diese Nahtoderfahrungen besonders hervorgehoben.<*

Der niederländische Kardiologe Dr. Willem van Lommel hat zum Thema auch eine längere Studie veröffentlicht. Er sagt:

>*Wir untersuchten, ob es bei den Menschen mit oder ohne Todesnähe-Erlebnis einen medizinischen Unterschied gibt: Dauer des Herzstillstandes, Länge des Sauerstoffmangels, gegebene Medikamente. Wir konnten keinerlei Unterschiede finden, warum 18 % der Überlebenden ein Todesnäheerlebnis hatten und 82 % nicht. Das bedeutet: Es gibt keinen physiologischen Grund. Nach 2 und nach 8 Jahren wurden noch einmal Interviews mit den Menschen geführt. Wir stellten fest, daß die Menschen mit einem Todesnäheerlebnis völlig die Angst vor dem Tod verlieren. Die Natur und die Aufmerksamkeit für ihre Mitmenschen sind für sie sehr wichtig. Sie verändern ihr Leben – im Gegensatz zu den andern Patienten<.*

Warum haben nicht alle Menschen so ein Erlebnis? Ich glaube, das liegt daran, daß es nur wenigen speziell Erwählten gestattet wird, in diese Welt zu blicken. Normalerweise ist es ja allen verwehrt, und das muß

Gründe haben. Würde jeder so ein Erlebnis bekommen, ja könnte man diese Erfahrungen künstlich einleiten, dann würden doch alle nur aus reiner Berechnung ihr Leben auf die geistige Welt hin ausrichten: Gutes tun, weil man auf die Belohnung im Jenseits spekuliert, genauso, wie Menschen in die Politik gehen, weil sie auf hohe Diäten spekulieren (und nicht etwa, weil sie etwas für die Bürger tun wollen). Wir sind aber hier wie in einer Klausur, d. h. wir sollen ohne einen Beweis zeigen, daß wir gute Menschen sind und wo wir stehen. Daß die Menschen mit Nahtoderlebnissen fast alle ihr Leben geändert haben, da sie durch ihr Nahtoderlebnis von der Existenz eines Jenseits felsenfest überzeugt wurden, ist ein Zeichen dafür, daß diese Erlebnisse von den Erzählern selbst ernstgenommen wurden, daß sie also selbst an ihren Erfahrungen nicht zweifelten. Betrüger würden sich so eine Mühe nie machen.

Die Nahtoderlebnisse beweisen meiner Ansicht nach das Vorhandensein einer Jenseitswelt und das Weiterleben nach dem Tode. Man begegnet schon früher verstorbenen Verwandten, die hier weiterleben und kommen, um einen selbst ins Jenseits abzuholen wie die Walküren im germanischen Mythos. Das Verlassen des Körpers wird von den Sterbenden wie das Ablegen eines schweren Mantels empfunden und die meisten, die das erlebt haben, berichteten vom Gefühl einer großen Harmonie und Liebe.

Wenn wir nun die von normalen Ärzten gemachten Erfahrungen mit hypnotisierten Patienten als weiteren Punkt hinzunehmen, wird das Bild noch eindeutiger. Man wußte, daß traumatische Erlebnisse in der Kindheit bei Menschen Probleme und Krankheiten auslösen können. Viele dieser traumatischen Erlebnisse geschahen aber in der frühesten Kindheit, an die sich der Patient nicht erinnern kann. Also führte man ihn mit Hypnose in diese Zeit zurück. Ich weiß nicht, welcher Arzt es war, der dann zuerst in einem Falle, wo er kein traumatisches Erlebnis in der Kleinkindphase des Patienten finden konnte, einfach einmal weiter zurückging und so auf Erinnerungen an ein früheres Leben stieß. Jedenfalls gibt es mittlerweile zahlreiche derartige Rückführungshypnosen und in einigen Fällen konnte man die dort erfahrenen Fakten der früheren Leben in der realen Welt bestätigen. Auch das ist somit bewiesen (bewiesen nicht im strengen naturwissenschaftlichen Sinne, sondern durch Einzelfälle, Erfahrungen und Statistik). Die Zeit zwischen den einzelnen Erdenleben bleibt dabei allerdings offenbar meist verborgen.

Der griechische Dichter Platon hat in seinem Buch „Phaidon" mit mathematischer Präzision die Logik der Wiedergeburten beschrieben:

Wenn wir ein Gegensatzpaar (z. B. „klein-groß" oder „dick-dünn") nehmen, und das Übergehen zu einem dieser Begriffe nennen, dann ergibt sich zwangsläufig, daß wir zuvor bei dem jeweils gegenteiligen Begriff positioniert waren.

Beispiel: „Jemand wird groß" bedeutet, er war zuvor klein. „Jemand wird dick" bedeutet, er war zuvor dünn. Das geht auch umgekehrt: „Jemand wird klein", also war er zuvor groß. Das geht auch mit nichtsichtbaren Eigenschaften: „Jemand wird musikalisch" dann war er zuvor unmusikalisch. „Jemand wird gut" dann war er zuvor böse usw. Nun nahm der Philosoph das Gegensatzpaar „Geburt – Tod" bzw. „Leben – Sterben" und sagte: „Jemand wird tot" (= Jemand stirbt), also war er zuvor am Leben. Das ist logisch, denn sonst könnte er ja nicht sterben. Das geht nun auch in der Umkehrung: „Jemand wird lebend" (= Jemand wird geboren), dann war er zuvor tot. Das ist schon einmal eine interessante und spirituelle Vorstellung, die hier quasi mit dem Mittel der Logik begründet wird.

Nun setzen wir diesen „Tod" (den von „Jemand wird lebend, also war er zuvor tot") mit dem andern Tod („Jemand wird tot") gleich. Und das bedeutet nach der logischen Schlußfolgerung von Sokrates, daß die Gestorbenen (die Toten) wiedergeboren werden, sie werden zu neuen Geborenen. Die Neugeborenen sind diejenigen, die zuvor Gestorbene waren. Damit ist der Kreislauf von Geburt – Tod – Wiedergeburt – erneuter Tod – erneute Wiedergeburt usw. geschlossen.

Die Vorstellung, die wir vom Tode haben, beeinflußt unser ganzes Tun in diesem Leben. Wenn ich in dem Bewußtsein lebe, daß nach vielleicht 80 Jahren endgültig Schluß ist, daß ich dann nicht mehr da bin und alles zu Ende ist, dann werde ich danach streben, diese 80 Jahre möglichst im Wohlstand zu verbringen. Wenn ich aber in dem Bewußtsein lebe, daß es nach dem Tode weitergeht, dann werde ich weniger vergnügungssüchtig sein und vielleicht mehr auf meine spirituelle Weiterentwicklung achten.

7.

Menschliche Zombies

Diese Überschrift ist zugegeben provokativ gemeint und übernimmt die Sprache eines bestimmten Weltnetzforums. Natürlich gibt es hier bei uns keine Zombies (lebende Tote), aber es gibt „Gleichgeschaltete". Ich gehe aber bei Ihnen, geehrte Leser, davon aus, daß Sie mit Sicherheit nicht dazu gehören. Schon allein Ihre Entscheidung, dieses doch nicht gerade alltägliche Buch zu lesen, ist dafür die Bestätigung. Also fühlen Sie sich bitte nicht angesprochen.

Es gibt die Vorstellung, daß die verschiedenen Tierarten jeweils nur Kollektivseelen haben, daß also etwa alle Hasen nur über eine gemeinsame Seele verfügen, mit der sie untereinander und mit den Göttern in Verbindung stehen. Das gilt nun natürlich auch für die Menschen, bei denen jede Ethnie jeweils nur eine gemeinsame Seele hat.

Nur einige wenige Menschen entwickeln mit der Zeit eine Individualseele, entwickeln charakteristische und individuelle Merkmale, so daß wir erst bei ihnen von einer echten Seele sprechen können. Und Haustiere, die ja auch nur ihre Kollektivseele haben, können bei intensivem Kontakt zum Menschen auch so eine Individualseele entwickeln.

Wie gesagt, das ist eine Theorie, die ich hier nur deswegen vorstelle, weil sie besonders dann zutrifft, wenn man „Seele" durch „Bewußtsein" ersetzt. Es geht also meiner Ansicht nach nicht um eine Seele, sondern um ein individuelles Bewußtsein.

Der Mensch ist ein Herdentier und paßt sich der Herde an, das ist natürlich. Aber muß das bis ins Detail gehen, oder ist so eine vollkommene Anpassung schon völlig unnatürlich? Immer wieder stoße ich auf Menschen, die ihre Arbeit wie Roboter ausführen, die auf alle Versuche, mit ihnen über höhere Dinge zu sprechen, gar nicht reagieren. Auch scheint mir ihr Blick eher starr zu sein. Sie übernehmen aber kritiklos alles das, was ihnen in der Gesellschaft vorgemacht wird. Solche Menschen nenne ich „Zombies".

Kennen Sie noch die alte Art, sich einen Schal umzubinden? Man legt ihn mittig um den Hals und nimmt das eine Ende über das andere und unten hindurch – ein einfacher Knoten. Dann kam eines Tages die sog. „Euroschleife" auf: Nun legt man den Schal mittig gefaltet von rechts um den Hals und steckt beide Enden durch die links hängende Schlaufe. Eine neue Mode. Aber: Wie programmierte Roboter wurde diese neue Bindeart überall übernommen und die bisherige Art sieht man kaum noch irgendwo. Solche Dinge zu übernehmen ist ein Zeichen von fehlender Individualität, von fehlendem Individualbewußtsein, kurz, es ist: „Zombieart".

Die Menschen übernehmen nun leider nicht nur solche Kleinigkeiten, wie die Art, einen Schal zu binden, sondern auch in der Sprache wird offenbar alles nachgeäfft. Ich denke hier z. B. an diese Frageformulierung mit dem angehängten „denn": „Wie geil ist das denn?" oder an bestimmte Wörter wie „Hammer" oder „Chapeau". Auch die „Gendersprache" der Politiker („Liebe Steuerzahler und Steuerzahlerinnen", „Bürger und Bürgerinnen") gehört dazu. Sicher, das sind nur Moden, mehr nicht. Ich weiß auch nicht, wie ich meinen Eindruck besser beschreiben kann. Oft sieht man einen Menschen, und hat das Gefühl, den schon oft gesehen zu haben; es ist sozusagen der gleiche Typ, das gleiche „Klonmodell". Jedenfalls in keiner Weise individualistisch.

Dabei geben solche Leute durchaus vor, individualistisch zu sein. Da sagte z. B. eine Frau: „Nein, ich trage kein Kostüm, ich bleibe individuell" und zieht eine Niethose (Jeans) an – als wenn diese moderne Uniform irgendetwas mit Individualität zu tun hätte. Oder bestimmte junge Leute wollen aus dem üblichen Trott ausbrechen und sich anders kleiden – und herauskommt wiederum nur eine „Gruppe" wie etwa „Gothik" (nur schwarze Kleidung) oder Punk oder dergl.

Dieser fehlende Individualismus ist echtes Übel. Eine Gesellschaft braucht Individualisten, und eine wissenschaftliche Untersuchung aus Enland hat herausgefunden, daß Individualisten im Durchschnitt länger leben, als der Masse angepaßte Menschen. Schließlich müssen sie sich

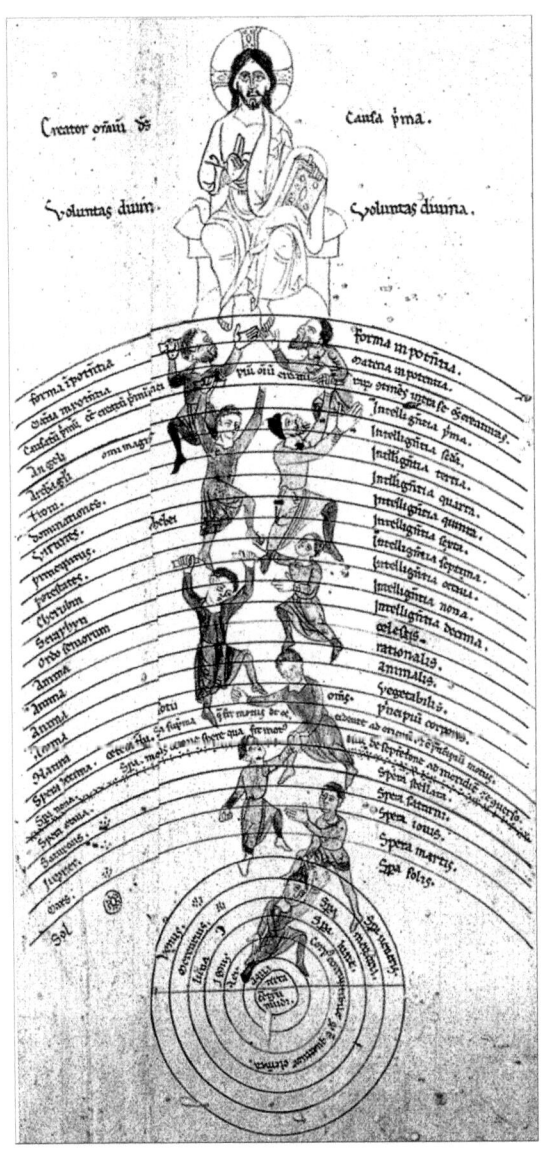

Abb. 8: Entwicklungsstufen der Seelen zu Christus. Handschrift 12. Jh.

47

täglich für ihr Anderssein rechtfertigen und entwickeln damit ein „dikkes Fell" und grenzen sich ab. Sie benötigen daher mehr Selbstbewußtsein und einen stärkeren Willen, und das sind Faktoren, die auch zu einem längeren Leben beitragen.

Vielleicht sind die erwähnten „Zombies" einfach nur sogenannte „Erstinkarnationen", also noch ungereifte Seelen, die das erste Mal in einem menschlichen Körper inkarniert sind. Deswegen sind sie noch unterentwickelt, stehen auf der untersten Stufe der Aufstiegsleiter und sind nicht individuell. Aber dann müßten sie auch zugleich eher primitiv sein, was ich bei den Zombies nicht unbedingt beobachten konnte.

Es sind hier also durchaus noch einige Fragen offen, und die Lösung, wie man das „Zombietum" bekämpfen könnte, kenne ich auch noch nicht. Wahrscheinlich müssen wir lernen, mit diesen Zombies zu leben. In einem italienischen Film über einen mutigen Polizisten, der die Mafia bekämpfte, sagte der Mafiaboß über seinen Gegner: „Es gibt Menschen und Blahblahs, dieser Polizist ist ein Mensch". Blahblahs sind Zombies, Menschen hingegen sind Individualisten, sind mutig und gereift. Davon bräuchten wir mehr.

8.

Der Tod ist keine Strafe

Mitglieder der Organisation Amnesty International kämpfen seit Jahren gegen die Todesstrafe, die es immer noch in vielen Ländern gibt. Und Mitglieder von Tierschutzvereinen setzen sich für das Lebensrecht von Tieren ein, kein Tier soll für unsere Belange sterben müssen. Der Grundgedanke dahinter ist der, daß der Tod eben das Schlimmste ist, was einem passieren kann, das absolute Ende. Dieses ist so furchtbar, daß es nachgerade barbarisch wäre oder ist, so etwas einem anderen Menschen oder Tier zuzumuten. Der Kampf gegen die Todesstrafe oder gegen das Schlachten von Tieren kompensiert also die eigenen Ängste vor dem Tod, der als absolutes Ende des Individuums verstanden wird.

Diese Sichtweise des Todes ist aber völlig falsch. Nach dem Tode geht es mit uns, mit Menschen und Tieren weiter, wir gelangen in eine Jenseitssphäre um von dort dann irgendwann wiedergeboren zu werden. Somit ist der Tod gar nichts so furchtbares, sondern lediglich ein Durchgang wie die Geburt es ja auch ist.

Doch bleiben wir zunächst einmal bei der sogenannten „Todesstrafe". Kann der durch das Gesetz verhängte und vollstreckte Tod überhaupt eine Strafe sein? Was daran ist die Bestrafung? Daß das Leben verkürzt wird, daß die eigene Lebenszeit also entzogen wird? Das ist eine sehr materialistische Vorstellung. Die spirituelle Vorstellung ist die, daß uns allen die genaue Lebenslänge von den Göttern vorherbestimmt ist. Diesen Gedanken finden wir sowohl in der Bibel für das Christentum, als auch in der Edda als Glaube der Germanen. In der Bibel heißt es (Matth. 6, 27), daß niemand seiner Lebenslänge auch nur eine Spanne oder Elle hinzusetzen könnte, in der Edda sagt Skirnir (Skm. 13), daß seines Lebens Länge bis auf einen Tag bestimmt ist. Wenn dem also so ist, dann bedeutet die Vollstreckung der Todesstrafe an einem Verbrecher, daß dessen Zeit tatsächlich abgelaufen war und ihm bestimmt war,

jetzt zu sterben. Die Vorstellung, daß wir Menschen entgegen der Bestimmung der Götter einen Deliquenten vorzeitig töten könnten, ist
abwegig, denn sie leugnet sowohl unsere klare Bestimmung, als auch
überhaupt die Macht höherer Mächte. Wenn jemand stirbt, egal weswe-
gen oder durch wen ihm der Tod gebracht wird, dann war das immer
auch genau die Bestimmung der Götter. Wenn jemand aber nicht stirbt,
dann nicht, weil wir ihn gerettet haben, sondern weil es ihm noch nicht
bestimmt war. Das ist für Rationalisten schwer nachvollziehbar, das
gebe ich gerne zu. Angenommen, ein Unschuldiger sitzt in den USA in
der Todeszelle und wartet auf seine Hinrichtung. Schließlich wird er
hingerichtet. In diesem Falle war es seine Bestimmung, genau an diesem Tage zu sterben. Hätte er nicht in der Todeszelle gesessen, sondern
sich in Freiheit befunden, dann wäre er auch genau an diesem Tage
gestorben – dann vielleicht durch einen Unfall, ein Verbrechen oder
eine Krankheit. Es war schließlich seine Bestimmung. Angenommen,
ein Verbrecher sitzt in der Todeszelle und wartet auf die Vollstreckung
des Todesurteils an ihm, aber es ist ihm noch nicht bestimmt, zu sterben: Dann wird er nicht hingerichtet, die Hinrichtung wird – aus ir-
gendwelchen Gründen – immer wieder hinausgezögert, oder er bricht
aus dem Gefängnis aus oder wird begnadigt. Immer geschieht mit uns
genau das, was uns bestimmt ist. Unsere menschliche Macht reicht
nicht aus, um unsere Bestimmung unwirksam zu machen.

Aber durch die Entwicklung der modernen Medizin und viele Errungenschaften unserer Gesellschaft ist unbestreitbar das durchschnittliche
menschliche Leben länger geworden, als in früheren Jahrhunderten.
Bedeutet das, daß wir mit unserer Entwicklung unsere Bestimmungen
verändern konnten? Nein, dadurch, daß unsere Körperzellen heutzutage
durch gute Ernährung und gute medizinische Versorgung länger leben
bleiben, inkarnieren in diesen Körpern nun Seelen, denen längere Leben
bestimmt werden. Die Götter berücksichtigen also die materiellen Umstände und günstige Umstände führen dazu, daß Seelen inkarnieren
können, denen ein entsprechend längeres Leben bestimmt ist.

Das Wissen von der genauen Vorbestimmung der Lebenslänge bedeutet
nun aber auch, daß es eine „Todesstrafe" gar nicht geben kann. Wenn
wir glauben, jemand müsse für seine Verbrechen hingerichtet werden
und es auch tun, dann setzen wir nur die göttliche Bestimmung um, die
auch ohne die Todesstrafe zur Wirkung gekommen wäre. Somit bräuch-

Abb. 9: Der Tod und der Doktor. Baseler Totentanz, 1440.

ten wir gar keine Todesstrafe, da die Lebenslänge des Verbrechers sowieso auch ohne unser Zutun schon genau festgelegt ist.

Allerdings: Um die von den Göttern stammende Bestimmung umzusetzen, dazu bedarf es Helfer. Ein derartiger Helfer kann z. B. der Scharfrichter sein, auch der Autofahrer, der einen Unfall verursacht, wird ungewollt zum Vollstrecker der göttlichen Bestimmung. Es wäre naiv, darauf zu warten, daß die Götter vom Himmel aus in unser Leben direkt eingreifen, etwa durch einen Blitzschlag. Vielmehr bedienen sich die Götter auch der Menschen, die ohne es zu wollen oder zu wissen, mitwirken, die Bestimmungen der Götter umzusetzen. Wir alle sind also nur allzuoft Werkzeuge, die den Willen der Götter umsetzen. Nur kennen wir diesen Willen ja meist gar nicht. Wer setzt den Willen der Götter wirklich um, der Henker, der den Verbrecher hinrichten will, oder die Demonstranten, die für dessen Begnadigung demonstrieren? Wir wissen es nicht, da wir ja nicht wissen, wie die Bestimmung in diesem Falle aussieht. Erst hinterher, wenn der Verbrecher tot ist oder wenn er begnadigt wurde, wissen wir, was da bestimmt gewesen ist (nämlich das, was dann auch geschah). Also bleibt uns nur, nach unserem Gewissen zu handeln und zu hoffen, daß wir damit auch die Bestimmung der Götter umsetzen.

Wir wissen nun also, daß es nicht in der Macht der Menschen steht, die Länge eines Lebens entgegen der Vorherbestimmung zu verändern. Somit bedeutet der Tod eines Verbrechers durch die Todesstrafe auch gar keine Verkürzung seines Lebens, sondern nur die Umsetzung der göttlichen Bestimmung. Dieser Verbrecher wurde also gar nicht bestraft, da er sowieso genau an diesem Tage gestorben wäre. Die „Todesstrafe" war oder ist also gar keine Strafe.

Auch ein anderer Gedanke kommt noch hinzu: Der Tod steht uns allen bevor, seien wir Massenmörder oder Heilige, jeder muß sterben, wenn seine ihm bestimmte Lebenszeit abgelaufen ist. Der „Tod" ist also keine Strafe und daher kann es auch keine Todesstrafe geben. Viel schlimmer als der Tod ist meiner Ansicht nach ein ganzes Leben im Gefängnis: Keine Natur, keine Pflanzen und Tiere, kein Strand, Meer und Berge, Wind. Stattdessen mit meist höchst primitiven Mitgefangenen eingesperrt auf sein Ende zu warten, das bedeutet „lebenslänglich" und ist schlimmer, als der Tod.
Und auch hier kommt es auf den Standpunkt an: Für den Materialisten ist der Tod das Schlimmste, was er sich nur ausmalen kann, daher ist für ihn die Todesstrafe eine abschreckende Strafe (wähnt er doch, dabei würde das Leben des Verbrechers tatsächlich verkürzt). Für den spirituellen Menschen aber ist der Tod der harmlose Durchgang, der uns allen bevorsteht, zugleich die Verheißung auf eine bessere jenseitige Welt. Deswegen fürchtet er ihn nicht. Aber er fürchtet, ein Leben lang eingesperrt zu sein und von der Natur mit ihren Kräften getrennt sein zu müssen.

Es gibt also keine wirkliche „Todesstrafe", dennoch ist die Hinrichtung

52

oder Inhaftierung von Verbrechern schon deswegen nötig, um die Gesellschaft vor ihnen zu schützen und materiell eingestellte Menschen auch abzuschrecken. Verbrecher sind meist materiell eingestellte Menschen, sie begehren materielle Güter und haben keine Furcht vor einer möglichen jenseitigen oder karmischen Bestrafung. Spirituelle Menschen hingegen wissen um die Endlichkeit irdischer Güter und fürchten die negativen karmischen Auswirkungen ihrer Untaten, daher vermeiden sie Verbrechen. Wenn man einen Menschen ermordet, dann muß man nämlich nicht nur die Polizei fürchten, die das Verbrechen aufklärt, sondern auch den Geist des ermordeten Menschen, der ein Interesse daran hat, seinem Mörder zu schaden und versucht, ihn zu entlarven, indem er ihn dazu verführt, Fehler zu machen. Auch kann er ihn im Traum verfolgen. Manche Verbrecher hören Stimmen (von den Geistern der Ermordeten) und enden im Irrenhaus.

Ganz ähnlich wie bei der Todesstrafe ist es mit dem Schlachten von Tieren um ihr Fleisch zu bekommen oder ihren Pelz. Auch ihr Leben ist in seiner Länge bestimmt, doch darf uns das keine Entschuldigung für Grausamkeiten am Tiere sein.

Früher mußten die Menschen auf der kalten Nordhalbkugel im Winter, wo ja nichts wächst, auch Tiere töten und essen. Deswegen hat sich in unserer Kultur das Essen auch von Fleisch als Bestandteil unseres Lebens erhalten. Die südlicheren Kulturen z. B. der Griechen oder Thracer sahen schon früh die Problematik darin, andere uns recht nahestehende Lebewesen nur um des eigenen Genusses wegen zu töten, oder sagen wir: Zu ermorden. Bei den Thracern hat der Gott Zalmoxis (das ist Wodan) die fleischliche Ernährung abgeschafft. Menschen sind Frucht- und Pflanzenesser, unser Gebiß, unser Darm, unsere natürlichen Möglichkeiten erlauben uns nichts anderes. Wir könnten ohne Werk-zeuge kein Rind erjagen oder töten, wir könnten die Haut nicht abziehen und das rohe Fleisch nicht zerkauen. Auch kleinere Tiere (etwa Hasen) würden wir nicht fangen und essen können. Wenn man also unbedingt dem Menschen unterstellen will, er sei Gemischtesser, dann gestatten ihm doch seine natürlichen Anlagen höchstens, daß er mal eine verwundete Maus oder Maden und Würmer „erlegen" könnte – und vor denen haben wir einen instinktmäßigen Ekel. Auch ist unser Darm zu lang für Fleisch, denn es bleibt darin zu lange und bewirkt daher Gärungen, die am Ende zu Darmkrebs führen können. Nein, der Mensch ist kein Fleischesser, und nur dort, wo das Überleben nicht anders möglich ist, ist ihm das Essen von Fleisch – was ja genau-genommen Aas ist – erlaubt.

Deswegen ist es uns nicht erlaubt, Tiere zu schlachten und in der Form zu halten, wie es heute geschieht. Auch sie zu jagen, wo wir dazu gar keine Not haben, nur um der Ausübung der eigenen Machtgelüste wegen, ist nicht erlaubt. Dieses Handeln ist eine Folge des falschen Bildes des Menschen, der angeblich über der Natur steht und sie beherrschen soll. Wer das tut, der belastet sich mit Schuld und wird dafür einst zur Rechenschaft gezogen werden. Genauso wie die Menschen, die Tiere in Tierversuchen quälen.

Wenn wir einerseits keine Angst mehr vor dem Tode haben, weil wir verinnerlicht haben, daß er ein ganz natürlicher Durchgang ist, und wenn wir uns außerdem bewußt machen, daß nicht ein sorgloses beschauliches Leben unser Lebensziel sein kann, sondern das Lernen und Reifen, dann werden wir auch große Naturkatastrophen und Kriege anders sehen. Es sind unangenehme Erscheinungen, die dazu dienen, daß unsere Entwicklung beschleunigt wird. Wenn man sich mit dem Tode auseinandersetzen muß, zugleich aber die eigene Hilfsbereitschaft gefordert ist, wie in einem Kriege, dann lernt man schneller, und somit entwickelt man sich auch schneller. Dennoch ist es natürlich unsere Aufgabe, Kriege zu verhindern und sich auf Naturkatastrophen einzustellen. Gegenden, wo die Mehrheit der Menschen unter dem Schutz der Götter und Geister stehen, bleiben in der Regel verschont, in Regionen, wo die Menschen falsch leben und sich um die spirituelle Welt nicht kümmern, fehlt der Schutz durch diese Wesen.

9.

Alles hat einen Sinn

Wenn sich vornehmlich in der Weihnachtszeit einige Menschen mit Selbsttötungsabsichten beschäftigen, weil die Dunklheit des Winters und ihr Alleinsein sie depressiv gemacht hat, dann trösten Seelsorger diese Menschen oft mit dem Satz: Auch Dein Leben ist von Gott gewollt und hat einen Sinn.

Welcher Sinn das aber ist, das wird meist nicht gesagt. Das muß man wohl selbst herausfinden.

Angenommen, es gäbe eine spirituelle Welt gar nicht, es gäbe keinen Gott, keine Götter, kein Jenseits, kein Weiterleben nach dem Tode, wie das die hundertprozentigen Vertreter des materialistischen Weltbildes behaupten. Welchen Sinn kann dann das Leben überhaupt haben? Man muß nicht gut sein, weil es im Jenseits weder eine Belohnung, noch eine Bestrafung gibt, es gibt ja gar kein Jenseits. Man könnte meinen, daß der Genuß des jetzigen Lebens der einzigste Lebenszweck wäre. Da aber nur ein kleiner Teil der Menschheit in Reichtum lebt und sein Leben optimal genießen kann, verfehlt der Rest im Grunde diesen Lebenszweck. Schon das wäre ein Indiz, daß dieses ganze System unvollkommen ist.

Weiter gefragt, welchen Sinn hat die ganze Erde mit ihren zahllosen Tier- und Pflanzenarten? Ist sie nur dazu da, um zu „sein", ohne höheren, weitergehenden Sinn? Ein „sinnloses" Gebilde, nur dazu da, um in seiner Sinnlosigkeit möglichst lange weiterzubestehen? Wozu das Ganze? Wenn das wirklich so wäre, dann könnten wir doch unsere Atombomben zünden und das traurige Spiel beenden, schließlich gibt es dann kein Leid mehr und ein sinnloses Dasein ist endlich beendet. Lieber ein Ende mit Schrecken als ein Schrecken ohne Ende. Insbesondere das große Leid, welches durch den „Kampf ums Dasein" erzeugt wird, das

„Fressen und Gefressenwerden" fiele dann wenigstens endlich fort.

Wir wissen nun aber (von der materialistischen Wissenschaft), daß alles in der Natur einen Zweck oder Sinn hat. Dieser Sinn wird allerdings rein materiell verstanden: Die Arten entwickeln sich weiter, passen sich noch besser an die Umwelt an und tragen zur Erhaltung des Gesamtgleichgewichtes bei. Auch hier wird der Sinn allein auf das Bestehen des Ganzen beschränkt. Wozu dieses Ganze nun aber unbedingt sein muß, wozu es existieren muß, dazu erfahren wir nichts aus den „Kathedralen der Wissenschaft" wie man die Universitäten auch nennt. Was haben wir davon, daß am Ende eine sinnlose Welt besteht, in der perfekt angepaßte Tier- und Pflanzenarten ein funktionierendes Gesamtgefüge dieser sinnlosen Welt bilden? Die Welt kann doch nicht Selbstzweck sein. Die Tier- und Pflanzenarten leben, damit die Welt als Gesamtgefüge besteht, die Welt besteht aber nur, damit die Tier- und Pflanzenarten bestehen können. Das als Begründung ist Unsinn.

Fragen wir weiter: Welchen Sinn hat unserer eigenes derzeitiges Erdenleben? Wir lernen, wir machen Erfahrungen, wir reifen als Persönlichkeit nur dafür, daß wir am Schluß sterben und zu Staub zerfallen, ohne daß irgendetwas von uns bleiben sollte? Alles, was wir gelernt und erfahren haben, war also umsonst? Das wäre sinnlos und wir könnten uns alles Lernen, alle Entwicklung sparen und uns stattdessen die kurze Zeit unseres Lebens amüsieren. Eine sinnlose Welt brauchen wir nicht, braucht niemand. Weg damit, je schneller, desto besser!

Nein, alles hat einen Sinn auf der Welt. Es ist richtig, wir entwickeln uns in unserem Erdenleben weiter, verfeinern unser Wesen, lernen und reifen. Man merkt es oft, wenn man mit alten Menschen spricht, daß sie allein durch ihr Leben Weisheit und Erfahrung gewonnen haben, Gelassenheit zu den Dingen entwickeln, derentwegen sich junge Menschen nur allzuleicht die Köpfe einschlagen.
Zugegeben, wenn wir sterben, dann wird unser Körper zerfallen, auch unser Gehirn und alles, was darin gespeichert war, ist verloren. Aber die Dinge, die in unsere Seele gedrungen sind, die behalten wir, die nehmen wir mit ins Jenseits und auch später in ein erneutes Erdenleben. Wäre dem nicht so, wären unsere Leben sinnlos und eine Sinnlosigkeit gibt es in einer perfekt von intelligenten Kräften oder Wesen geschaffenen Welt nicht. Ich erinnere daran, daß unsere Welt und wir selbst ja

eben nicht von einem „Zufall" geschaffen wurden, weil es einen „Zufall" gar nicht gibt. Das „Gesetz der Energieerhaltung" besagt, daß keine Energie auf der Welt verloren geht, sondern sich immer nur in ihrer Form oder Erscheinungsart wandelt. Gemeint ist hier die spirituelle Energie, aber auch die Physiker erkennen dieses Gesetz für die Materie an.

Man kann nun natürlich fragen, warum wir überhaupt lernen müssen, Erfahrungen sammeln und uns entwickeln. Sind wir nicht vollkommen geschaffen? Oder hätten wir nicht vollkommen geschaffen werden können? Vielleicht. Die Religionen lehren, daß wir einst in der Vollkommenheit des Himmels lebten, bis wir in die Verdichtung der Erde fielen (der „Abfall von Gott"). Nun müssen wir unsere Anstrengung darauf konzentrieren, den Rückweg in den Himmel zu gehen. Was die Religion als „Sündenfall" negativ darstellt, ist in Wirklichkeit ein Zustand, der laufend erfolgt. Kontinuierlich verlassen Seelen die himmlische Harmonie und begeben sich in die Materie, um neue Erfahrungen zu machen. Umgekehrt kehren kontinuierlich Seelen zurück in den Himmel, deren Entwicklung abgeschlossn ist (die „Erlösung"). Würden die Wesen ewig im Himmel verbleiben, wäre das ein Zustand ohne Entwicklung und ohne Aufgaben, im höchsten Maße langweilig. Ewige Langweiligkeit wäre keine Belohnung, keine Seeligkeit, sondern eine furchtbare Strafe. Deswegen muß es die Möglichkeit geben, sich auf den Weg zu machen in materielle Welten, um so wieder ein Ziel zu bekommen, nämlich den Rückweg – der Weg ist das Ziel. Auch Gottheiten haben diesen Weg eingeschlagen, z. B. die Göttin Freyja, die ins Reich der Riesen reiste, um dort Ihre magischen Kenntnisse zu vervollkommnen.

Der „Sündenfall" und die „Erlösung" geschehen also kontinuierlich bis heute, und sie sind nicht mit negativen Vorstellungen zu verbinden. Wir brauchen die nichtgöttliche Welt, um uns in ihr auf die göttliche Welt freuen zu können und wir brauchen die göttliche Welt, um uns in ihr auf die nichtgöttliche Welt freuen zu können.

Der Mensch ist nie zufrieden, er braucht immer ein Ziel. Ich habe das auch an mir selbst beobachten können: Als ich noch in der lauten Großstadt Berlin wohnte, habe ich von der stillen Natur geträumt und wurde glücklich, wenn ich in Brandenburgs Wäldern wandern konnte. Jetzt,

57

wo ich in Brandenburg wohne, freue ich mich, wenn ich einmal wieder nach Berlin ins Großstadtgetümmel reisen kann.

Wir nehmen also bestimmte Dinge wie tiefe Erfahrungen, tiefe Gefühle und auch bestimmte Fähigkeiten mit ins Jenseits. Wenn wir dereinst wiedergeboren werden, werden wir viele Dinge leichter lernen können, die wir schon in früheren Leben beherrschten. Außerdem entwickeln wir uns, reift unsere Seele und steuert auf eine Vollkommenheit zu. Unser Leben hat also einen Sinn und damit hat auch die Erde einen Sinn und alles, was besteht.

Das dürfen wir nie vergessen.

10.

Gut und Böse

Wenn aber nun alles auf der Welt einen höheren Sinn hat, z. B. unsere Weiterentwicklung, dann muß es auch Dinge wie „Gut" und „Böse" geben. Denn die Entwicklung geschähe zwangsläufig und von selbst, wenn es nicht die Möglichkeit der Wahl gäbe. Wir wären willenlose unfreie Wesen, die ihrem vorgefertigten Wege folgen würden, ohne etwas ändern zu können. Mit der Entwicklung von A nach B geht zugleich auch eine Wahlfreiheit einher, wir können bei A verbleiben, können schnell oder langsam auf B zugehen oder irgendwo dazwischen stehen bleiben. In jeder Situation können wir uns entscheiden für einen richtigen Weg, für ein Lernen und Reifen, oder für einen falschen Weg, bei dem wir nur stehen bleiben und nichts lernen. Eine Entwicklung geht nämlich immer irgendwo hin, hat ein Ziel. Wo es ein Ziel gibt, gibt es auch einen Start. Die Religionen und spirituellen Lehren nennen das Ziel das „Gute" oder die „Erleuchtung", während der Start das „Böse" oder die „Dunkelheit" bedeutet. Wir entwickeln uns also durch unsere Erdenleben weiter, vom Dunklen zum Licht, vom „Bösen" zum „Guten". Würden wir das Ziel des „Guten" nicht als Ziel auffassen, sondern als einen neutralen Pol, würden wir keine Entwicklung vollziehen, sondern an unserem Standort verbleiben. Sobald wir aber von einem Ziel ausgehen, ist dieses Ziel etwas, was wir anstreben wollen oder sollen, was für uns „gut" ist und zu dem wir hinwollen. Damit ist eine Wertung verbunden wie etwa Plus (Gut) und Minus (Böse). Unser Lebensweg führt uns zum Guten, das ist unser Ziel und wie schnell wir es erreichen, liegt allein an uns selbst.

Traditionell hat man das „Gute" mit den Göttern, mit Gott oder dem Himmel gleichgesetzt. Gäbe es das „Gute" nicht, gäbe es auch das „Böse" nicht und es gäbe kein Ziel für uns und somit dann auch keine Entwicklung, was bedeutet, die Welt wäre sinnlos und unser Leben auch. Die Welt ist aber nicht sinnlos. Mit dem „Guten" und „Bösen" ist

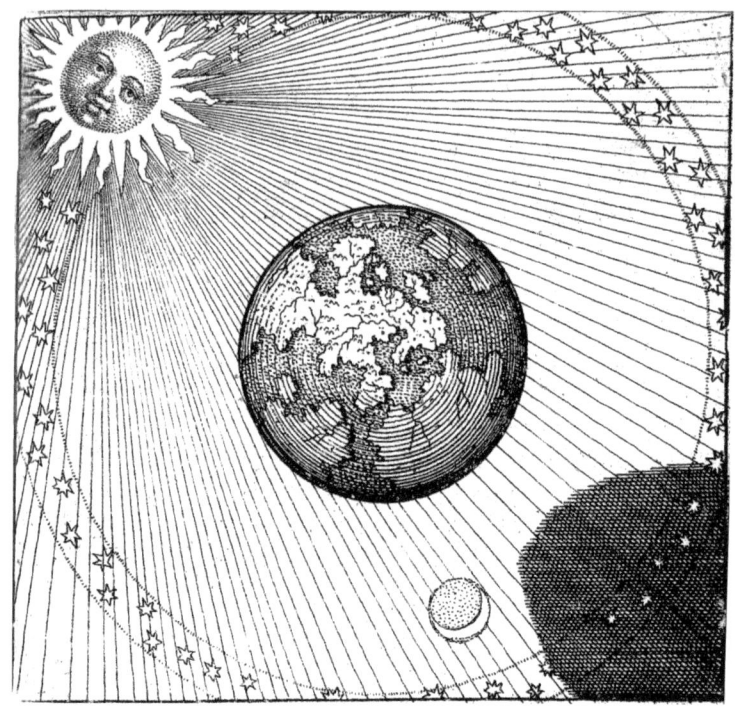

Abb. 10: Das Licht verursacht auch das Dunkel. Aus: Michael Maier,
Atalanta fugiens, Oppenheim 1618.

es wie mit allen andern Gegensatzpaaren: Das Eine existiert nicht ohne
das Andere. Der Tag wäre für uns gar nicht wahrnehmbar, gäbe es nicht
die Nacht, die uns durch seine Abwesenheit den „Tag" verdeutlicht.
Ohne die Nacht hätten wir wohl nicht einmal ein Wort für den „Tag",
denn „Tag" wäre ja der immergleiche Normalzustand. Umgekehrt würde auch die Nacht ohne den Tag gar nicht existieren. Wir können Dinge
wie „Tag" und „Nacht" nur deswegen erkennen und wahrnehmen, weil
sie zeitweilig vorhanden und zeitweilig abwesend sind, nur dieses
Kommen und Gehen, das wie eine Sinusschwingung ist, macht es uns
möglich Tag und Nacht erkennen zu können. Wir benötigen also wech-
selnde (in Schwingungen erscheinende) Gegensätze, um diese erkennen

zu können. Daraus folgt: Ohne das „Böse" würden wir das „Gute" nicht erkennen können; unsere Entwicklung braucht also immer Gegensätze, auch dann, wenn uns eine der Seiten nicht behagt. Deswegen mußten die Götter auch die bösen Gegenkräfte der Riesen erschaffen, sonst wäre unser Leben fade und wir könnten uns nicht entwickeln.

Und wenn es keine Götter gäbe, keinen „Himmel" und kein „Jenseits", kein „Weiterleben" nach dem Tode, dann gäbe es auch keine Bestrafung für böse Taten, ja dann gäbe es gar kein „Gut" und „Böse". Dann gäbe es nur den Egoismus aller Wesen, die jeweils alles nur für sich selbst tun würden. Aber schon damit, daß man Nachkommen bekommt, weicht man von diesem Wege ab: Wozu sich für Kinder aufopfern? Warum die Frage nach dem Sinn des Daseins an die nächste Generation weitergeben, statt sie zu beantworten?

Wenn es keine Götter gibt, warum dann nicht eine Maschinenpistole nehmen und sich ein angenehmes Luxusleben mit Gewalt schaffen? Die kurze Zeit muß man doch optimal ausnutzen, wenn es keine Reincarnation gibt. Wer Atheist ist, der müßte - wäre er konsequent - eigentlich Verbrecher werden (wobei es in seinem Weltbild gar keine Verbrechen geben kann, da das doch wiederum „Gut" und „Böse" voraussetzt). Der Stärkere (oder Listigere, Skrupellosere) überlebt, das ist Naturgesetz. Nur die Furcht vor weltlicher Macht und Bestrafung würde so einem Menschen noch davon abhalten, als Verbrecher zu leben.

Aber das geschieht nicht. Ich behaupte, daß der Grund dafür darin liegt, daß eben doch eine Ahnung von den Göttern, eine Idee von Gut und Böse, ein unterbewußtes Wissen vom Jenseits auch bei Atheisten vorhanden ist. Sie können sich ja nicht einmal benennen, ohne religiöse Begriffe (theos = Gott) zu verwenden, also sollten sie sich ehrlich eingestehen, im Inneren doch religiöse Menschen zu sein, und nur der Verstand ist durch die einseitige Erziehung etwas beeinflußt.

Sie selbst aber haben mir immer wieder beteuert, daß sie vom Verstande her einsehen, daß es nur gehen kann, wenn alle Menschen sich an die Gesetze halten. Weil sie selbst diesen Schutz durch das Gesetz benötigen, sehen sie auch ein, daß man eben nicht skrupellos und böse sein darf. Mich haben sie damit allerdings nicht überzeugt, denn warum sollte einem Atheisten am Funktionieren der Gemeinschaft gelegen sein? Das kann ihm doch völlig egal sein und hindert ihn doch nur daran, sein Leben genießen zu können.

Und eigentlich haben auch die Atheisten Sehnsucht nach der spirituellen Welt, vermögen nur nicht, den einseitig verzogenen Verstand in die Schranken zu verweisen. Und wenn sie mit religiösen Menschen reden, dann steckt dahinter oft auch der Wunsch, endlich das perfekte Argument zu bekommen, das ihnen hilft, diese spirituelle Welt zu erfassen: Der Hilfeschrei danach, endlich überzeugt zu werden, um das sie fesselnde materialistische Weltbild verlassen zu können. Doch leider mischt sich der Verstand immer noch ein, verlangt nach dem naturwissenschaftlichen Beweis (den es nicht geben kann und darf), und verhindert die zaghaften Ausbruchsversuche aus diesem materialistischen Weltbild. Materialisten sind eigentlich Gefangene, die in einem unvollkommenen Weltbild gefangen sind und so konditioniert, daß sie allein dort nicht mehr herauskommen können.

Bleiben wir einmal beim „Bösen": Was ist überhaupt „böse"? Wir definieren etwas Böses als etwas, das uns gegen unsern Willen und zu unserm Unglück zugefügt wird.

Ein Einbrecher, der in unser Haus eindringt und etwas stiehlt, der ist eindeutig „böse", er tat uns mit diesem Raub Böses an. Aber wenn wir uns einmal in die Situation des Einbrechers begeben, dann kann das schon wieder ganz anders aussehen: Er begeht den Einbruch, da er zu Hause hungernde Kinder hat, die er – aus welchem Grunde auch immer – nicht versorgen kann. Würde er sich kein Geld zusammenrauben, würden seine Kinder verhungern. Das Verhungern der Kinder ist etwas Böses, das ihm widerfahren würde. Für ihn ist also der Einbruch eine Notmaßnahme, um Böses abzuwenden. In seiner Philosophie ist daher der Einbruch bei relativ wohlsituierten Menschen wie wir es vielleicht sind, etwas Gutes, zumindest nichts Böses.

So können wir alles, was wir kennen und „böse" nennen, aus einem anderen Blickwinkel betrachtet relativieren. Was „gut" und was „böse" ist, ist also allein eine Frage des eigenen Standpunktes. Das Reh, welches vom Wolf gerissen wird, erleidet „Böses", aber der Wolf tut von seiner Perspektive aus Gutes, weil er sich und seine Welfen ernähren kann und weil er auch seine ihm auferlegte Bestimmung erfüllt. Ja, er beendet das Leben des Rehs, weil dessen Lebenszeit zu Ende war. Der Wolf hat also nur den Willen der Götter umgesetzt.

Wenn wir uns also einmal klarmachen, daß es ganz vom subjektiven individuellen Standpunkt abhängig ist, was für uns „böse" ist, dann haben wir auch bereits die Anleitung, wie wir etwas „Böses" so wandeln können, daß es zumindest nicht mehr „böse" erscheint: Wir müssen einfach nur unseren Standpunkt ändern. Bleiben wir beim Beispiel des Einbrechers: Sicher, unsere Möbel und Wertgegenstände werden vom Einbrecher entwendet und fehlen uns. Die Mühe, die wir hatten, um das Haus einzurichten, das Geld, welches wir dafür aufgebracht hatten, all das ist umsonst gewesen. Ist es wirklich so? Nein, ist es nicht. Wir haben diese Gegenstände eine zeitlang „genossen" und wir wissen mit hundertprozentiger Sicherheit, daß wir davon nichts ins Jenseits mitnehmen können. Irgendwann – spätestens bei unserem Tode – hätten wir sowieso alles verloren. Daß dies nun vorzeitig geschieht, bietet für uns auch die Möglichkeit, zu lernen, daß die materiellen Güter uns nur geliehen sind. Da sich übrigens auch die Wertvorstellungen in der Gesellschaft ändern, kann etwas, was früher als „böse" galt, einige Jahre später als „gut" gelten.

Zum Thema „Gut und Böse" gehört auch die Feststellung, daß alles auf der Welt in zwei Pole geteilt ist, bei Mensch und Tier sind diese Pole das Männliche und das Weibliche. Das „Gesetz der Polarität" besagt, daß alles in Gegensätze geteilt ist, negativ-positiv, Materie-Antimaterie oder eben männlich-weiblich. Diese Gegensätze sind ihrer Natur nach identisch, aber in ihrer Ausprägung verschieden. Extreme begegnen sich wieder, alle Wahrheiten sind immer nur eine halbe Wahrheit, alle Paradoxa können in Übereinstimmung gebracht werden. Denn wir können die Gegensätze auf ein und derselben Achse anordnen, z. B. Licht und Dunkel: Das „Dunkel" könnten wir auf der Licht-Achse beim Wert Null (Dunkel = Null Licht) anordnen, das Licht dann z. B. beim Wert 100. Oder weniger Licht beim Wert 90 usw. Das Dunkel könnte auch beim Wert 1 stehen, dann ist es nicht völlig absolut dunkel. Jedenfalls lassen sich diese Gegensätze auf derselben Skala anbringen und damit offenbaren sie, daß sie ihrer Natur nach doch identisch, aber mit anderer Potenz sind. Wie z. B. die Zahlen allesamt Zahlen sind, die einen Wert repräsentieren, aber dennoch jede Zahl einen eigenen Wert repräsentiert.

Durch die Polarität, die Teilung in grundsätzlich identische Gegensatzpaare können wir uns positionieren und selbst erkennen.

11.

Schicksal

Wir alle kennen es, wenn unser beschauliches Leben durch einen Schicksalsschlag aus seiner gewohnten Bahn geworfen wird. Plötzlich haben wir da Hindernisse, die uns beschäftigen, über die wir uns ärgern und an denen schon so mancher verzweifelt ist.

Das Schicksal aber kommt nicht von ungefähr, es folgt seinen eigenen Gesetzmäßigkeiten. Eine davon ist das Karma-Gesetz, das Gesetz von Ursache und Wirkung. Unsere Vorfahren nannten es „Örlög" (das „Ur-Gelegte", „Ur-Bestimmte" oder „Ur-Gesetzte"). Man nennt dieses Gesetz das „Gesetz der Kausalität". Es ist ein spirituelles Gesetz, welches besagt, daß jede Ursache (jeder Gedanke, jeder Plan) eine Wirkung (eine Tat, eine Materialisation) nach sich zieht. Was man also aussät, das erntet man auch später, wie man sich im Leben verhält, so verhält sich das Leben auch umgekehrt einem selbst gegenüber. Wenn man für andere nur böse Worte und Haß übrighat, so wird dieser Haß auch auf einen selbst zurückfallen. Wenn man auf eine Tonbandkassette nur Schimpf aufnimmt, dann kann der Kassettenrecorder auch nur diesen Schimpf abspielen. Das ist ganz wertefrei und auch nicht die Schuld des Kassettenrecorders. Umgekehrt bedeutet dieses Gesetz, daß auch jedes Phänomen, das wir wahrnehmen, seine Ursache hat, gesetzmäßig geschieht.

Es lauert also nicht irgendwo eine rachsüchtige Gottheit, die ihren Spaß daran hat, uns zu vernichten oder ihr sadistisches Spiel mit uns zu treiben, sondern wir selbst sind es, die unser eigenes Schicksal festlegen. Allerdings sind es die Schicksalsfrauen oder Nornen, die unser Schicksal dann dem Neugeborenen in die Wiege legen (siehe Abb. 11).

Das geschieht bereits in unserem derzeitigen Erdenleben täglich: Ich hatte ja geschrieben, daß wir den freien Willen haben und uns in jeder

Abb. 11: Die Nornen teilen dem Neugeborenen das Schicksal (den Lebensfaden) zu. Franz Stassen, 1929.

Situation frei entscheiden können. Wenn wir uns heute dazu entscheiden, täglich 20 Cigaretten zu rauchen, dann legen wir damit den Grundstein für eine Erkrankung, die uns vielleicht in 20 oder 30 Jahren ereilt. Diese Krankheit ist uns nicht von einer spirituellen Wesenheit auferlegt worden, sondern ist Folge unseres eigenen Tuns. Deswegen ist in so einem Fall ein Hadern mit höheren Wesen nicht berechtigt. Als 2015 der amerikanische Schauspieler Leonard Nimoy (der Darsteller des „Mr. Spock" aus der Serie „Raumschiff Enterprise") an Krebs starb, war das eine Folge seines Kettenrauchens in früheren Jahren.

Die meisten Entscheidungen, die wir in unserem jetzigen Erdenleben treffen, wirken sich aber erst in einem nächsten (oder sogar übernächsten) Erdenleben aus. Dies gilt im guten wie bösen Sinne. Wir schaffen uns also heute bereits unser Schicksal für das nächste Leben. Ich gehe mal davon aus, daß die Mehrheit von uns doch gerne ein „gutes" d. h. „angenehmes" Leben in der Zukunft führen will. Wir denken hier an ein Leben im Reichtum, mit wenig Arbeit und ohne irgendwelche schlimmen Schicksalsschläge. Es wäre also nun unsere Aufgabe, im derzeitigen Leben so zu handeln, daß wir im nächsten Leben entsprechend belohnt werden bzw. uns selbst entsprechend belohnen.

Die Karma-Regeln (Karma = „Wirken") sind zuweilen sehr kleinlich ausformuliert, wenn wir in den Hinduismus oder Buddhismus blicken. Niemand vermag mit Sicherheit zu sagen, ob das Gesetz immer diesen Regeln folgt, aber grundsätzlich geschieht uns genau das, was wir anderen tun. Wenn ich ein geldgieriger Vermieter bin, der seine Mieter schikaniert oder gar hinauswirft, dann werde ich im nächsten Leben ein Mieter werden, der nicht reich ist und nun selbst unter einem schikanierenden Vermieter leiden muß. Diese kleinliche „Auge um Auge, Zahn um Zahn"-Aufrechnung soll bewirken, daß der böse Vermieter lernt, wie sich sein Tun anfühlt, wenn er selbst betroffen ist. Nach diesem Leben wird er sich sicher nie mehr so übel verhalten. Der Sinn des Lebens ist Lernen, nicht Entspannen oder Genießen. Letztere Dinge dürfen auch sein, sind aber nicht das Ziel des Lebens.

Wenn ich oft und gerne, ja selbstlos an Arme Gaben gebe, dann wird mir im nächsten Leben genauso gegeben werden. Normalerweise behält man in den verschiedenen Leben sein Geschlecht bei, das man ja auch als Geistwesen im Jenseits hat. Es gibt männliche wie weibliche Gottheiten und Geistwesen. Wenn aber ein Mann z. B. eine Frau vergewaltigt, dann kann es geschehen, daß er im nächsten Leben als Frau inkarnieren muß, die dann selbst Opfer einer solchen Vergewaltigung wird. Menschen, die andere Menschen verwunden, verstümmeln usw. die kommen als Krüppel wieder und müssen das, was sie andern einst antaten, nun selbst erleiden. Auch Tierquäler werden nicht unbestraft davonkommen, und großes Unheil droht denjenigen, die Tiere eng und quälerisch halten oder gar entsprechend schlachten, indem sie sie z. B. schächten. Auch die Tierfolterer in den Versuchslaboratorien schaffen sich ein so schlimmes Karma, daß sie mir schon Leid tun. Ich will es gar nicht weiter ausmalen, was diesen Menschen geschehen wird. Auch Leute wie Adolf Hitler, die so viel Leid über Millionen von Menschen gebracht haben, werden sehr unangenehme karmische Vergeltungen erleben müssen. Die asiatischen Traditionen lehren auch, daß Menschen, die im früheren Leben sehr böse waren, nun entweder in schlimme wirtschaftlichen Situationen wiederkehren werden, oder aber auch, daß sie körperliche Behinderungen zu erleiden haben werden. In manchen Regionen gelten daher Krüppel als ursprünglich böse Seelen, die durch ihr Leben mit Behinderung nun geläutert werden sollen, und daher sind andere Menschen kaum bereit, ihnen irgendwie zu helfen, schließlich verhindern sie damit ja auch, daß der Betreffende durch sein Leid schnell lernt. Sicher ist dieser Glaube problematisch, da er ja zu einer Diskriminierung der Behinderten führen kann. Andererseits richten sich die Gesetzmäßigkeiten des Karmas nicht nach dem, was bei uns gerade „politisch korrekt" ist. Ich meine aber, daß die Hilfe für den behinderten Mitmenschen auch das eigene Karma verbessern kann und daß das „Schicksal" auch die hilfswilligen Menschen mit einplant. Wenn wir also einem Behinderten sein Leben erleichtern, dann geschieht das auch, weil das „Karma" es so wollte.

Übrigens werden besondere Pickel und Muttermale als aus einem früheren Leben übernommene Wunden gedeutet. Wer also durch einen Pistolenschuß oder durch einen Messerstich getötet wurde, der hat im nächsten Leben an der Stelle, wo das Messer oder die Kugel in den Körper eingedrungen ist, ein Muttermal.

Es gibt zwei sich unterscheidende Auffassungen über Karma-Vergeltung: Die eine geht davon aus, daß jede einzelne Untat entsprechend gesühnt werden muß, die andere geht von einer Sühne aus, die so lange währt, bis der Sinneswandel im Betroffenen eingetreten ist. Der böse Vermieter, der acht Mitparteien schikanierte, muß nach der ersten Auffassung selbst acht Mal als Mieter inkarnieren, wo er nun selbst schikaniert werden wird. Das bedeutet: Ein Leben als böser Vermieter bewirkt acht weitere Leben, um das wieder gutzumachen. Ein Mensch wie Hitler müßte demnach in Millionen von Erdenleben jeweils gequält oder ermordet werden. Das ist natürlich gar nicht möglich, daher scheint die andere Auffassung glaubwürdiger: Nach dieser kann schon ein Leben ausreichen, sofern der nun als Mieter lebende böse Vermieter das Falsche im Tun erkannt und auch für sich angenommen hat. Hat er das in sich verinnerlicht, muß er nicht weiter leiden, wird aber im nächsten (also im 3.) Leben erneut Vermieter sein. Ohne von seinen früheren Leben zu ahnen muß er sich nun als ein guter Vermieter erweisen, dann zeigt er, daß er diese Prüfung bestanden hat. Versagt er, muß er wiederum in einem nächsten Leben (dem 4.) als schikanierter Mieter leben, usw. Ziel ist ja, daß er lernt, und er muß die Klasse so lange wiederholen, wie er das Klassenziel noch nicht erreichte. Das kennen wir ja aus unserem Schulsystem mit dem „Sitzenbleiben". In der Bibel heißt es, die Sünden der Väter würden bis ins 7. Glied verfolgt (bestraft) werden. Das meint 7 Inkarnationen.

Es heißt aber auch, daß uns die spirituellen Wesen einen Teil unserer Schuld immer schon erlassen, so daß es nicht ganz so schwer ist. Aber wir müssen uns klar darüber sein, daß wir dem Karma nicht ausweichen können. Der König im Märchen „Dornröschen" glaubte, seine Tocher vor dem prophezeihten Unheil des Spindelstichs schützen zu können, indem er alle Spindeln im Lande einsammeln und verbrennen ließ – wir wissen, daß ihm das auch nicht geholfen hatte, Dornröschen stach sich doch und alle fielen in den hundertjährigen Schlaf.

Neben dem selbstverursachten Karma gibt es das zusätzlich auferlegte Schicksal. Es handelt sich um Prüfungen und Ereignisse, die uns widerfahren, ohne daß wir sie durch uns selbst verursacht hätten. Es sind die kleinen Holper und Buckel, über die unser Lebenswagen dahinfahren muß. Sie dienen auch zum Lernen und sie sind wie Salz in der Suppe eines beschaulichen Daseins.

Man kann an Hand der Astrologie die Unterschiede gut verdeutlichen: Unser Charakter mit seinen karmischen Vorbelastungen wird durch das Geburtshoroskop dargestellt. Gute Astrologen sehen darin bereits, was wir in früheren Leben richtig- und falschgemacht haben. Das zusätzlich auferlegte Schicksal wird durch die aktuellen Planetentransite dargestellt.

Niemals sollten wir Angst vor unserem Schicksal haben, denn es handelt sich immer um von uns regelbare Dinge. Nie ist das Schicksal so unbarmherzig, daß wir keine Kraft haben, es zu meistern. Zwar gibt es viele Menschen, die ihr Schicksal nicht meistern konnten und daran zerbrachen, aber das war ihre eigene Schuld, sie hätten es schaffen können. Nie ist die Prüfung so schwer, daß sie nicht gelöst werden könne. Das gilt übrigens auch für Krankheiten: „Gegen jede Krankheit ist ein Kraut gewachsen und für jeden Kummer gibt es einen Trost". Es liegt also an uns, den Trost zu suchen oder das richtige Kraut zu finden.

Übrigens ist es in vielen Fällen so, daß wir selbst uns mit voller Absicht für bestimmte Schicksalsereignisse entschieden haben – allerdings vor unserem derzeitigen Leben im Jenseits. Deswegen erinnern wir uns im Wachbewußtsein nicht mehr daran, nur im Tiefschlaf, wenn unserer Geistkörper aus dem materiellen Körper austritt und im Jenseits weilt, erfahren wir davon. Wir selbst wollten uns eine bestimmte Prüfung auferlegen, um durch die Arbeit an dieser Aufgabe zu lernen. Wir waren ehrgeizig, uns konnte es gar nicht schnell genug gehen. Und nun – wo wir die Erinnerung an die von uns selbst gewollten „Schicksalsschläge" fehlt, hadern wir vielleicht.

Neben dem Einzelschicksal gibt es das Schicksal einer Region oder eines ganzen Landes. Es resultiert aus der Summe der Einzelschicksale. Dieses Schicksal ist auch ein Karma. So können auch ganze Staaten ein bestimmtes Karma haben, welches frühere Untaten der Staaten ausgleicht. Wenn wir in einer Region leben, die ein bestimmtes Gesamtkarma hat, dann färbt es auf uns auch ab und kann unser eigenes Karma beeinflussen, im Guten wie im Schlechten. „Mitgefangen, mitgehangen" sagt das Sprichwort.

12.

Menſch und Natur

Es gibt einen sehr wichtigen Unterschied zwischen dem rationalistisch-materialistischem Weltbild, und dem spirituellen, ganzheitlichen und naturreligiösen Weltbild, welches die noch traditionell lebenden Naturvölker haben.

Der Unterschied besteht in der Stellung des Menschen zur Natur. Für den rationalistischen Menschen steht der Mensch als „Krone der Schöpfung" wie ein König über der Natur, über allen Wesen, Pflanzen und Tieren. Diese Stellung findet sich auch in der Bibel (Genesis), der Mensch ist als Abbild Gottes von Gott als Herr über die Tiere und Pflanzen gesetzt worden und soll sie beherrschen und sich die Erde untertan machen.

In der Zeit der Aufklärung hat man diese biblisch-religiöse Sichtweise beibehalten, aber man begründete sie nun nicht mehr biblisch, sondern damit, daß der Mensch von allen Lebewesen am meisten Verstand hat, und sich auch über sein Dasein Gedanken machen kann, während die Tiere nur ihrem Instinkt folgen können und zu höherer Philosophie nicht fähig sind.

Seit zwei Jahrtausenden versucht also der Mensch nun schon, die Natur zu beherrschen und sich untertan zu machen – die verheerenden Folgen sehen wir in der rücksichtslosen Ausbeutung der Natur, der Entrechtung der Tiere (sie werden zu bloßer Nahrung für den Menschen) oder der Zerstörung unserer natürlichen Lebensgrundlagen.

Der Mensch ist nach dieser Sichtweise kein „Tier", sondern ein besonderes Wesen. Daher bekämpft der Mensch alles „Tierische", was er an sich entdeckt, z. B. seine natürlichen Triebe. Triebe müssen durch den Verstand kontrolliert und gebändigt werden, ein Ausleben derselben ist „tierisch" und damit primitiv, „nicht-göttlich".

Anders ist die Stellung des Menschen in dem naturreligiösen, ganzheitlichen Weltbild: Hier begreift sich der Mensch als ein Teil der Natur, nicht als über ihr stehendes Wese. Der Mensch ist eine Tierart von vielen, und er muß sich – wie alle Tierarten – in das Gesamtgefüge der Natur einfügen.

Die Naturvölker waren sich dabei schon der Tatsache bewußt, daß die Tierart „Mensch" mehr Verstand hat, als andere Tierarten. Aber für sie war der Wert eines Lebewesens nicht von der Menge seines Verstandes abhängig. Ja, der Mensch hat mehr Verstand, aber er hat dafür weniger Intuition – diese haben die andern Tierarten in höherem Maße. Wollte man den Menschen wegen seines größeren Verstandes irgendwie aufwerten, müßte man ihn danach gleich wieder wegen seiner geringeren Intuition abwerten, und seine Stellung bliebe am Ende doch gleich.

Unsere Rationalisten sollten sich überlegen, was es in der Praxis bedeuten könnte, den Wert eines Lebewesens von der Größe seines Verstandes abhängig zu machen – dann könnten schnell geistig Behinderte als „minderwertig" und rechtlos angesehen werden, wie man es mit den bekannten Folgen im 3. Reich tat.

Im naturreligiösen Weltbild steht der Mensch also in dem System, während im materialistischen Weltbild der Mensch über dem System steht. Die Natur wird hier zur „Umwelt", die Welt um den Menschen herum, der selbst wie ein Fremdkörper, wie eine Insel in der Mitte steht. Diese Insel selbst gehört nicht zur Welt darum, der „Umwelt".

Im naturreligiösen Weltbild steht der Mensch immer in der Natur, in der Welt der Wesen („Wesenwelt" ist das deutsche Wort für „Natur"), ja er kann diese Welt gar nicht verlassen. Da er nicht über diese Welt herrschen darf, hat er auch nur eingeschränkte Rechte. Diese Rechte ähneln den Rechten der Tiere, z. B. darf der Mensch nicht Töten, außer um sich zu ernähren, wenn es anders nicht geht – bekanntlich ist der Mensch von seiner körperlichen Anlage her ein Fructivore, ein Früchte- und Pflanzenesser. Der Mensch darf nicht in die Natur übermäßig eingreifen: Wenn Gott oder die Götter irgendwo einen Berg geschaffen haben, dann hat der Mensch nicht das Recht, diesen abzutragen. Wenn die Götter irgendwo ein Moor geschaffen haben, dann darf der Mensch es nicht trockenlegen. Der Mensch darf auch nicht Tier- oder

Abb. 12: Der Mensch in der Natur. „Traumspiegel" von Fidus.

Pflanzenarten ausrotten oder für seinen Profit mißbrauchen, wie das z. B. die Pelztierjäger tun.

Der Mensch darf überleben, d. h. sich aus natürlichen Stoffen eine Unterkunft bauen und sich Nahrung anbauen, Tiere halten. Er darf aber nicht ohne zwingenden Grund Natur zerstören. Ein wenig eingreifen darf er – denken wir daran, was z. B. ein Biber mit einem Bach machen kann – ähnliches kann man dem Menschen kaum verwehren.

Der Mensch muß unbedingt und immer danach trachten, im Einklang mit der Natur zu leben – das ist heute, in unserer überbevölkerten und industrialisierten Welt sehr schwer. Gerade unserer großer Verstand ist uns oft das Haupthindernis was die naturverbundene Lebensweise betrifft. Wir können unsere Instinkte hinterfragen und ignorieren, wir können uns Dinge ausmalen und danach streben, statt an unserem Platz in der Natur zu verbleiben. Die Ausbeutung und Zerstörung der Natur verdanken wir in erster Linie unserem Verstand, der uns dazu bringt, in einer bestimmten Weise zu handeln, weil wir wähnen, das sei gut so.

Denn unser jeweiliges Weltbild ist ja wie das Betriebssystem eines Computers: Das Betriebssystem regelt, wie wir den Rechner betätigen und wie die Programme zusammen laufen. Wenn wir ein fehlerhaftes Betriebssystem haben, dann laufen alle andern Programme auch nicht richtig, der ganze Rechner kann nicht mehr so funktionieren, wie er sollte.

Wenn wir nun ein falsches Weltbild haben, dann handeln wir auch falsch und nicht so, wie es unsere Bestimmung wäre, während ein richtiges Weltbild uns dazu bringt, gemäß unserer Bestimmung zu handeln. Daß die heutige Menschheit nicht richtig handelt, das wird jeder einsehen, der sich unsere Welt mit offenen Augen ansieht. Dieses falsche Handeln ist Folge eines falschen Weltbildes, das heute herrscht, nämlich das des Materialismus.

Ich will nicht behaupten, daß das naturreligiöse spirituelle Weltbild das hundertprozentig richtige (zutreffende) Weltbild ist. Es mag auch seine kleinen Fehler haben. Es kommt am Ende gar nicht darauf an, daß ein Weltbild völlig richtig ist; es kommt allein darauf an, daß Anhänger eines Weltbildes richtig handeln – handeln sie richtig, dann ist ihr Weltbild damit rehabilitiert, handeln sie aber falsch, dann disqualifiziert sich ihr Weltbild damit, ähnlich, wie es schon Lessing in seiner Ringparabel ausgedrückt hatte.

Damit kommen wir zur Beseeltheit und Belebtheit der Natur. Daß Tiere und Pflanzen leben, das bestreitet niemand. Aber was für ein Leben ist das? Anders gefragt: Haben Tiere auch eine Seele, und Pflanzen oder gar Mineralien?

Das Christentum brauchte Jahrhunderte, um überhaupt den Frauen eine Seele zuzuerkennen. Zuerst glaubte man, sie bekämen eine Seele nur durch den Ehemann. Nachdem das nun endlich geregelt ist, muß derselbe Kampf nun noch für die Tiere gekämpft werden. Tiere haben nach christlicher Auffassung keine Seele. Dabei nennt man das Tier doch englisch „animal", was auf das griechische „anima" mit der Bedeutung „Seele" zurückgeht. Da hat sich in der Sprache doch tatsächlich noch ein heidnischer Gedanke erhalten, den spätere Jahrhunderte verloren, vergessen oder verleugnet haben. Die „animals" haben natürlich eine „anima", keine Frage. Wenn der Mensch eine Seele hat, müssen auch die Tiere Seelen haben. Eher wäre wohl der größere Verstand des Menschen ein Grund, ihm eine Seele abzusprechen, denn „seelisch" bedeutet ja auch „animalisch" und „animalisch" will ein verstandesfixierter Mensch sicher nicht sein. Bei den Naturvölkern ist der Übergang Mensch-Tier gar nicht vorhanden. So heißt der Name der Menschenaffenart „Orang Utan" übersetzt „Waldmensch" und der Name des Kontinents Afrika soll „Affen-Reich" bedeuten, obwohl dort auch Menschen leben.

Menschen und Tiere haben also Seelen, und natürlich gilt dies auch für Pflanzen – immerhin tastet sich die Wissenschaft ja langsam an die Pflanzenseelen heran, wenn man an die Versuche der Beschallung von Pflanzen mit unterschiedlicher Musik denkt, was sich auf deren Wachstum deutlich auswirkt, oder wenn man an die Furcht der Pflanzen vor Verwundung denkt.
Im naturreligiösen Weltbild haben aber auch die Steine Seelen und die Elemente (Feuer, Wasser, Erde, Luft) sind gleichfalls lebendig.

Im materialistischen Weltbild werden z. B. die Laute der Tiere rein rational gedeutet. Ein bestimmter Vogel singt nur, um zu balzen oder

Abb. 13: Sonnengottheit. Robert Fludd, Utriusque Cosmi Bd. 1, Oppenheim 1617.

um sein Revier abzugrenzen. Materialisten können gar nicht nachvollziehen, daß ein Vogel auch einfach nur aus Freude singen kann. Oder sogar aus religiösen Gründen, wie etwa Tauben oder Amseln, die immer zum Sonnenuntergang zu singen anfangen. Die Sonne ist auch unsern heidnischen Vorfahren immer Symbol für eine Gottheit gewesen und selbst Kinder stellen sie fast immer mit einem Gesicht dar, wie das schon früher geschah (siehe Abb. 13). Es wäre ein unnötig großer Aufwand, wenn die stundenlangen Gesänge der Nachtigallen nur deswegen geschähen, um ein Revier zu markieren. Nein, so ist es nicht. Vögel können auch zu uns etwas sagen oder sich auch einfach nur unterhalten wie Menschen, man tut ihnen Unrecht, wenn man sie allein auf rationale biologische Verhaltensweisen reduziert (siehe dazu auch mein Buch „Die Sprache der Vögel" im Kersken-Canbaz-Verlag 2015).

Wenn man alles in der Natur als lebendig, beseelt und belebt versteht, dann wird man mit der Natur viel sorgsamer umgehen, als wenn es nur eine „Schöpfung" ist, die man nach Belieben ausbeuten und untertan machen darf. Wenn es dann auch noch heißt, daß das Reich des Gottes außerhalb der Natur zu suchen ist – Jesus sagte: „Mein Reich ist nicht von dieser Welt", sondern in dieser Erdenwelt das Reich des Satans liegt, dann gibt es keinen Grund mehr, warum Menschen mit dieser Welt besonders pfleglich umgehen sollten. Im Jenseits, im Himmel, wird alles sowieso viel besser werden.

Diese Haltunmg ist grundverkehrt!

13.

Geister und Dämonen

Aus dem Wissen darüber, daß wir ohne unseren materiellen Körper nach dem Tode weiterleben, aus den Erfahrungen der Menschen, die Nahtoderlebnisse hatten und dabei früher verstorbenen Verwandten begegnet sind ergibt sich, daß es so etwas wie „Geister" geben muß. Auch wir selbst werden nach unserm Tode zu einem Geist. Alle Religionen kennen den Glauben an Geistwesen, die meist in gute Geister und böse Geister eingeteilt werden. Die Engel (gr. „Boten") gelten z. B. als gute Geister.

Im Normalfall verläßt der Geist den Körper im Augenblick des Todes, und zwar mit dem letzten Atemzug (siehe Abbildung 6, S. 38). Dieser Geist hält sich dann meist noch eine Weile auf der Erde auf, um dann in die für ihn vorgesehene Welt zu gehen. Diese Welt ist entweder eine höhere Sphäre (Himmel), oder ein Strafort (Hölle) oder irgendein Ort dazwischen (Fegefeuer). In unsern Sagen ist es der „Nobiskrug", ein Gasthaus für diejenigen Toten, die nicht in den Himmel oder die Hölle gehen. Dort zechen sie und sind guter Dinge.

Es ist ein Irrglaube anzunehmen, daß Geister die vollständige Kenntnis über die spirituellen Welten besitzen, nur weil sie nun Geister sind. Nein, Geister behalten meist die Vorstellungen bei, die sie schon als Menschen hatten. Gerade wenn der Mensch nicht so gut gelebt hatte, viele Fehler begangen und Schuld auf sich geladen hatte, fürchtet sich sein Geist vor der möglichen Bestrafung in einer Jenseitssphäre. Solche Geister bleiben daher auf der Erde und gehen nicht an die Orte, die für sie gedacht sind. Man nennt sie „erdgebundene Geister" oder „uneingereihte Geister". Auch gibt es verstorbene Menschen, die zu Lebzeiten nicht an ein Weiterleben nach dem Tode geglaubt hatten; im Jenseits angekommen gehen sie immer noch davon aus, daß sie gar nicht gestorben sind, und versuchen weiterhin, ihre menschlichen Laster auszuleben. Alkoholiker etwa suchen Orte auf, wo es auch nach Alkohol riecht, nämlich z. B. Gaststätten, Raucher begeben sich dahin, wo Menschen rauchen und sie diesen Geruch wahrnehmen können usw. Die Welt ist also voll von solchen uneingereihten Geistern. Auch sehr reiche Menschen, die im Luxus gelebt hatten, weigern sich oft, sich nun in andere Sphären zu begben. Stattdessen geistern sie durch ihre Luxusvillen und Schlösser und sind nicht bereit, loszulassen und einen neuen Weg zu gehen. Mancher Geisterspuk in alten Schlössern ist damit zu erklären.

Neben diesen Geistern gibt es aber auch regelrechte böse Geister, Dämonen oder Unholde genannt. Man fragt sich, warum sie denn eigentlich böse sind, ist es Unwissenheit über die spirituellen Gesetzmäßigkeiten, ist es Angst vor Strafsphären oder einfach nur Spaß am Bösesein? Wir wissen es nicht. Wir wissen aber, daß es auch solche Geister gibt, daß der Übergang zu den uneingereihten Geistern fließend ist und daß böse Geister uns sehr schaden können. Deswegen will ich dem Thema hier mehr Raum einräumen.

Als der Berliner Lehrter Bahnhof am 26. 5. 2006 als „Hauptbahnhof" neu eingeweiht werden sollte, war eine große Menge Menschen auf den umliegenden Straßen zu Fuß unterwegs. Gegen 23:30 Uhr hatte ein 16jähriger Hauptschüler Mike P. aus Neukölln in einem regelrechten Rundlauf zwischen Reichstag und Luisenstraße wahllos auf Frauen und Männer eingestochen, die sich auf dem Rückwege befanden. Er verletzte 24 Menschen im Rücken-, Brust- und Gesäßbereich, sechs davon lebensgefährlich. Der alkoholisierte Täter konnte noch am Ort festgenommen werden.
Obwohl es viele Zeugen für die Tat gab und auch das Messer sichergestellt werden konnte, bestritt der Jugendliche die Tat. Er könne sich an nichts mehr erinnern. Vermutlich – so hieß es – habe er einen „Filmriß" gehabt.
Der Vater des Täters reagierte mit Betroffenheit und Erschütterung, er verstehe die Welt nicht mehr, soll er gesagt haben.

Was für einen rationalen Menschen nur ein Verbrechen unter Alkoholeinfluß war, ist für einen spirituellen Menschen etwas ganz anderes. Zeigen doch Einzelheiten klar auf, daß hier ein ansonsten harmloser Jugendlicher zeitweilig unter Einfluß eines (oder mehrerer) Dämonen gestanden hat und diese ihn quasi „ritten", wie es in alten Aufhocker-Sagen oft umschrieben wird. „Was (oder wer) hat dich denn geritten?" ist noch heute eine Redewendung.

Die Einzelheiten, die für eine Dämonenbesessenheit sprechen, sind:

• Der Mensch wurde durch Drogen (hier: Alkohol) anfällig für den Dämonen.

• Es war Nacht.

• Der Dämon wollte Blut.

• Der Mensch erinnert sich nach Verlassen des Dämons an nichts mehr.

Was wollen Dämonen eigentlich von uns? Sie haben keinen Körper, möchten aber gerne in der materiellen (körperlichen) Welt wirken und handeln. Deswegen versuchen sie, von einem Körper wenigstens zeitweilig Besitz zu ergreifen. Das geht nur bei labilen Menschen und vor allem bei Menschen, die durch Drogen usw. geschwächt sind. Der Dämon verdrängt den Geist des Menschen und setzt sich selbst an dessen Stelle, wie das ja auch bei Tieftrancemedien in beiderseitigem Einverständnis geschieht. Oder er hängt sich nur an den Menschen an und flüstert ihm ein, was er tun soll. Darauf reagieren aber nur entsprechend willensschwache Menschen.

Mithilfe so eines „Helfers" können sich Dämonen in der materiellen Welt bemerkbar machen und ihre eigenen Ziele erreichen. Manche Dämonen versuchen übrigens auch, in den Körper eines Neugeborenen einzudringen, um dann ein ganzes Leben in diesem Körper zu verbringen, während der echte Geist des Neugeborenen hinausgedrängt wird. Unsere Sagen nennen das „Wechselbalg" und berichten, daß böse Elben an die Stelle des Menschenkindes ihr eigenes Elbenkind legen. Deswegen bewachte man früher in den ersten Tagen nach der Geburt das Kind in der Wiege und brachte antidämonische Symbole (z. B. den Drudenfuß) dort an. So ein vertauschtes Kind entwickelt sich meist ganz anders, als erwartet, es wird aggressiver und bösartiger.

Die Dunkelheit ist für Dämonen wichtig, ist es doch ihr Element. Sie fürchten sich vor dem Licht der Sonne, die Symbol der Götter ist. Kunstlicht, insbesondere Neonlicht, stört sie weniger. Am hellichten Tage im Freien werden Menschen dagegen selten von Dämonen angegriffen. In den Sagen heißt es, Dämonen werden am Tage zu Stein.

Blut ist Lebenssaft, Kraftträger oder Energie für unseren Körper. Mit Blutopfern stärkte man einst die spirituellen Wesen und auch die Dämonen begehren Blut, um gestärkt zu werden. Der Dracula-Roman von Bram Stoker basiert in diesem Punkte also auf einer wahren Tatsache. Auch die Toten im Hades, die Odysseus besuchte, begehrten Opferblut. Dämonen wollen also Blut, um davon Kraft zu nehmen. Deswegen reden Dämonen ihren menschlichen Opfern ein, irgendwelche Menschen (oder auch Tiere, denken wir an die Pferdequäler) zu verletzen, damit Blut fließt.

Dämonen lieben die Unharmonie und das Chaos und hassen oder fürchten die Harmonie. Sie lieben Gestank statt Wohlgerüchen, sie lieben Krach statt schöner Musik, sie lieben Unordnung statt Ordnung und Häßlichkeit statt Schönheit. In der Natur halten sie es nicht lange aus. Deswegen gibt es in den meisten Religionen Riten, die genau das unterstützen, was Dämonen hassen: Weihrauch sorgt für Wohlgeruch, schöne Musik sorgt für Harmonie, Ordnung und Schönheit (etwa in Kirchen und Tempeln) werden verbreitet.

Wenn ein Dämon sein menschliches Opfer einmal losläßt und freigibt, erinnert sich dieser Mensch oft an nichts mehr, was er unter Dämoneneinfluß getan hatte.

Am 23. 4. 2011 kam es im Berliner U-Bahnhof Friedrichstraße gegen 3:30 Uhr zu einem brutalen Angriff. Der alkoholisierte Täter, Thorben P. hatte zunächst mit einer Hartplastikflasche Markus P. zu Boden geschlagen. Dann trat er noch vier Mal mit dem Fuß und voller Wucht auf den Kopf des schon am Boden liegenden Opfers. Die Bilder der Überwachungskamera gingen durch die Medien und erzeugten bei der Bevölkerung Entsetzen. Nur das Eingreifen eines weiteren Opfers konnte den Täter davon abhalten, weitere Male zuzutreten. Der Täter reagierte wie in einem Rausch. Er stammte aus einer intakten Familie, war nie auffällig geworden und stand kurz vor dem Abitur. Vor Gericht erklärte er, er sei bestürzt und schockiert über sich selbst, er hatte schließlich auch ein Anti-Aggressions-Training absolviert und mehrere Entschuldigungsbriefe an das Opfer geschrieben.

In diesem Falle haben wir wiederum: Den Alkohol, die Dunkelheit des neonbelcuchteten nächtlichen U-Bahnhofes und die Tat selbst, die darauf abzielte, Blut fließen zu lassen und die eindeutig auf Dämoneneinfluß hinweist. Der Täter bekam übrigens nur 2 Jahre und 10 Monate Haft.

Wenn wir uns nun also über den Einfluß von Dämonen im klaren sind, können wir uns vor solchen „feindlichen Übernahmen" schützen und wir werden unsere Welt auch besser verstehen. Die Schizophrenen etwa in den Nervenheilanstalten sind in Wahrheit oft gar nicht krank, sondern stehen nur unter zeitweiligem oder permanentem Dämoneneinfluß. Ihnen Psychopharmaka zu verabreichen ist also die völlig falsche Therapie, denn solche Medikamente schwächen sie und ihren Willen und helfen damit den Dämonen nur, sie noch leichter in Besitz zu nehmen. Solche Medikamente wirken bekanntlich ähnlich wie Alkohol. Wie könnte man solchen Menschen besser helfen? Indem man ihren Willen stärkt und ihnen beibringt, wie sie sich vor Dämonen schützen können. Zuerst aber müssen sie einmal davon überzeugt werden, daß es so etwas wie Geister überhaupt gibt. Auch kann man sich direkt an den Dämon wenden und ihm klarmachen, daß er den betreffenden Menschen loslassen und sich besser um seine eigene Entwicklung kümmern sollte. Aber vorsicht, es sind schon Fälle vorgekommen, da ging der Dämon auf den über, der ihn so anredete. Denn manche Dämonen wollen ja nur wahrgenommen und beachtet werden. Haben sie so einen Menschen einmal gefunden, bleiben sie eventuell bei ihm, wenn er keine wirksamen Gegenmaßnahmen ergriffen hat.

In unserer Gesellschaft sollten wir die Verwendung von Drogen und Alkohol strenger reglementieren und unharmonische, unnatürliche Räume wie U-Bahnhöfe nicht mehr errichten. Der öffentliche Personennahverkehr gehört auf die Erdoberfläche, nicht in die „Unterwelt", das Automobil darf den öffentlichen Verkehr nicht in den Untergrund verdrängen. Man könnte z. B. oberirdische Straßenbahnen bauen, statt Untergrundbahnen.

Manchmal steht man im Automobil an der roten Ampel und ein anderes

Automobil hält neben einem an, aus dem man laute Musik vernimmt. Diese Erfahrung hat wohl schon jeder von uns einmal gemacht. Aus dem Wagen nebenan hören wir laute dumpfe Bässe von irgendeiner aufputschenden Rockmusik. Ich habe mich immer gefragt, warum man so ein Erlebnis niemals mit klassischer Musik hat? Ist sie so unbeliebt, oder eignet sie sich nicht zum „Aufputschen"? Nein, sie strahlt Harmonie aus, aber diese Menschen wollen keine Harmonie. Sie wollen Krach, Chaos, Agressionen und nicht Schönheit, Frieden und Harmonie. Deswegen gibt es übrigens auch viele Unfälle: Aggressionen der Verkehrsteilnehmer machen sich an den Kreuzungen fest und führen irgendwann, wenn genug Aggressionen vorhanden sind, zur Entladung in Form von Unfällen.

Mittlerweile gibt es mehrere Städte, die die unerwünschten, schnorrenden Punks und Obdachlose von ihren Bahnhöfen dadurch vertreiben, daß sie klassische Musik über Lautsprecher spielen. So in Hamburg, München, Delmenhorst und Mainz. Auch in der Schweiz (La Chaux de Fonds, Heerbrugg, Monthey) hat man das versucht. Nur kann man natürlich nicht jede klassische Musik nehmen, Vivaldi oder Bizet sind sicher weniger geeignet, als richtige Barockmusik. Denn es geht allein um die Harmonie und es gibt durchaus moderne klassische Musik die depressiv und weniger harmonisch ist. Jedenfalls mögen Dämonen solche harmonische Musik nicht und reden daher ihren Opfern auch ein, den Ort zu verlassen. Und daß Punker, die vor Bahnhöfen herumlungern, zumindest im direkten Einflußbereich von Dämonen stehen, daran gibt es für mich keine Zweifel.

Der Einzelne kann in seiner Wohnung eine Atmosphäre der Schönheit und Harmonie errichten, statt mit schwarzen Farben, Totenkopf- und Drachenfiguren und entsprechender Hard-Rock-„Musik" kann er sich mit klassischer Musik unterhalten, auch kann er das Rauchen und Trinken einschränken oder besser gleich ganz unterlassen und darauf achten, sich nicht zu zanken. Zank und Streit lieben Dämonen. Agressive Symbole, Fratzen, Masken, Totenköpfe setzte man früher ein, um Menschen (oder Geister) zu erschrecken; die Wikingerschiffe, die Island ansteuerten, waren gesetzlich verpflichtet, den Drachenkopf am Steven abzunehmen, um die Landgeister nicht zu vertreiben. Wenn Menschen beginnen, derartige Symbole zu verwenden, dann befinden sie sich im Einflußbereich der Dämonen und müssen als „gefährdet" gelten. Als

Abb. 14: Tonkopf einer Fylgia (Folgegeist). Museum Berlin.

Heino sein Image änderte, schwarzes Leder trug und Rocklieder sang, steckte er sich auch so einen Totenkopfring an den Finger. Hier aber scheint mir weniger ein Dämoneneinfluß vorzuliegen, als eher eine geschickte Marketingstrategie. Dämonen rächen sich übrigens, wenn man sie vertreibt, und Dämonen können z. B. Krankheiten bringen. Krankheiten wurden früher sogar als Dämonen personifiziert, die Pest z. B. als rotgekleidete Dämonenfrau. Zuweilen gehen Dämonen auch regelrechte Symbiosen mit ihren Opfern ein, hängen sich an das Opfer, aber unterstützen es auch, denn die Kuh, die man melkt, die schlachtet man besser nicht.

Allgemein aber in der Gesellschaft nimmt der Dämoneneinfluß zu. Das hat zwei Gründe: Immer weniger Menschen glauben an Geister und ein Weiterleben nach dem Tode. Wenn solche „Ungläubigen" sterben, begeben sie sich daher nicht an den Ort, der für sie gedacht ist, sondern geistern weiter auf der Erde herum, oft als Dämonen. Und immer weniger Menschen sind noch religiös und praktizieren eine Religion regelmäßig. Aber gerade das Beten zu höheren Mächten ist ein guter Schutz gegen Dämonen. Leider bieten die Lebenden aus Unwissenheit immer häufiger den Dämonen offene Türen, da wir in einer unspirituellen, technokratischen und unnatürlichen Welt leben.

Wir wollen hier am Ende nicht vergessen, darauf hinzuweisen, daß wir auch von guten Geistern umgeben sind, wenn wir die Bedingungen so einrichten, daß sich diese Geister wohlfühlen. Jeder Mensch hat einen oder mehrere Schutzgeister um sich, die die Germanen „Fylgjen" („Folgegeister") nannten (siehe Abb. 14), die Christen aber als „Schutzengel" bezeichnen. Durch regelmäßiges Gebet (d. h. eigentlich: Gespräch) zu dem eigenen Schutzgeist kann man dazu beitragen, daß er gerne in der eigenen Umgebung bleibt und einem gegen alle dämonischen Einflüsse schützt. Schafft man aber eine negative Umgebung, dann geht der Schutzgeist auf Distanz und der Schutz ist nicht mehr so gut.

14.

Gedanken find Kräfte

Wir alle kennen das: Wir denken an irgendeinen Freund oder Verwandten, und kurz darauf klingelt das Telephon und genau dieser Freund ruft an. Zufall? – Wie schon ausgeführt, gibt es „Zufall" nicht, also kann es auch kein Zufall sein. Vielmehr scheint der Freund unsere Gedanken an ihn aufgefangen zu haben und deswegen ruft er uns nun an.

Spirituelle Menschen sprechen vom „Gesetz der Mentalität", die Kraft der Gedanken, mit denen wir nicht nur Worte formen, sondern auch eine Realität. In der Edda spricht Allvater (Wodan) dieses Gesetz folgendermaßen an (Háv. 141):

>*Wort mich von Wort zu Wort führte,*
Werk mich von Werk zu Werk führte<.

Und das Johannesevangelium beginnt:

>*Im Anfang war das Wort ...*<

Gedanken können viel bewirken, sie schaffen unsere Realität, sind aber leider auch manipulierbar. Als ich vor Jahrzehnten das erste Mal in die Schweiz fuhr, war ich sehr enttäuscht: Die häßlichen Autobahnen und Industriegebiete vor Basel entsprachen so gar nicht meinem Bild, das ich von der Schweiz im Kopf hatte, mit Bergen, Almen, schönen Bauernhäusern und Kühen. Dieses Bild war durch Heimat- und Heidifilme, also durch die von den Medien verbreiteten Bilder bei mir geschaffen worden. Insofern war ich hier tatsächlich in einem gewissen Maße manipuliert worden, allerdings ohne kriminellen Hintergedanken. Für mich war die Schweiz eine „heile Welt" und ich war ganz glücklich mit diesem Bilde, während die traurige Realität eine große Enttäuschung war.

Allerdings: Auch die Schweiz meines Gedankenbildes existiert noch, es gibt in der Schweiz auch schöne Berge und Almen, genau das, was ich mir vorstellte. Es gibt eben mehrere „Schweizen", je nachdem, wo man sich gerade aufhält.

Die Bilder in unseren Köpfen werden uns nicht nur von den Medien zwecks Manipulation gegeben, sondern auch wir selbst suchen uns diese Bilder gemäß unseren Interessen aus. Die Gedanken selbst sind dabei wertneutral, ihre Wertung bekommen sie erst durch die Absicht des Denkenden. Jeder hat es also selbst in der Hand bzw. im Kopf, was er denken will (Gutes oder Schlechtes) und wie er damit seine Vorstellungswelt ausgestaltet.

Ein Beispiel: Ich gehe in eine Kleinstadt. Dort interessieren mich die schönen alten Häuser und vielleicht das Schloß, das es da auch gibt. Ich stelle mir vor, wie die Menschen dort gelebt haben, bin mit meinen Gedanken also in einer ganz anderen Zeit. Ein anderer Mensch sieht sich in der Stadt nur die Schaufenster der Geschäfte an und was dort so angeboten wird. In seinen Gedanken wird sich diese Stadt nicht wesentlich von anderen Städten mit Geschäftsstraßen unterscheiden. Wieder ein anderer ist vielleicht Sportler und besucht in der Stadt den Sportverein oder geht zu einem sportlichen Wettkampf. Jeder nimmt diese Stadt also anders wahr, lebt in einer anderen Gedankenwelt. Die Auswahl derselben hat er selbst gemäß seinen Interessen getätigt.

Gedanken können uns beeinflussen, ob wir wollen oder nicht, ob wir es merken oder nicht. Vor Jahrzehnten, als es nur 5 Fernsehprogramme in Deutschland gab, lief einmal spät nachts in der ARD ein Horrorfilm. Die anderen Programme hatten schon Sendeschluß oder dort lief nur irgendetwas Langweiliges. Wer also noch im Fernsehen Unterhaltung suchte, dem blieb nur dieser Horrorfilm mit einem Werwolf. Ich sah ihn mir an und träumte in dieser Nacht von einem Wolf. Der Film hatte mich also irgendwie beeindruckt und beeinflußt. Mit Freunden unterhielt ich mich am nächsten Tage über diesen Film. Der eine dieser Freunde hatte auch von einem Werwolf geträumt, war also auch durch diesen Film beeinflußt worden. Der andere hatte den Film gar nicht gesehen, aber trotzdem von einem Wolf geträumt. Er hatte also lediglich die herumschwirrenden Gedanken vieler anderer Menschen im Traume aufgenommen.

Heutzutage laufen viele Filme gleichzeitig, so daß so eine zielgerichtete Traum- und Gedankenbeeinflussung nicht mehr leicht möglich ist. Denn nun sehen sich die Menschen ganz unterschiedliche Filme im Fernsehen oder Weltnetz an und ganz verschiedene Gedanken sind nun unterwegs. Aber die Möglichkeit der Beeinflussung unseres Denkens ist nach wie vor gegeben. Denn die vielen Filme und Sendungen setzen ja meist eine ganz bestimmte Realität voraus, die wir indirekt in uns aufnehmen. Diese Realität ist bei den meisten Sendungen fast gleich und daher wirken alle diese Beiträge zusammen sehr ähnlich. Nehmen wir die Gegenwartsfilme aus den USA: Vordergründig geht es vielleicht um irgendeinen Kriminalfall, irgendein Actiongrund der die Story beinhaltet. Aber wir sehen eben auch, wie die Straßen aussehen, nehmen auf, wie die Menschen reden und kommunizieren. Bestimmte Schimpfwörter (Scheiße, Arsch usw.) hören wir dort häufig, so häufig, daß viele wähnen, das sei die Realität und eben auch hierzulande diese Wörter benutzen, obwohl sie hier so noch gar keine Realität waren. Somit wird eine Realität nur durch Filme geschaffen, die uns dann wiederum rückwirkend beeinflußt. Wenn ich also jemandem sage: Man sagt nicht „Arsch", dann kommt er und belehrt mich, das sei heute so üblich und gar kein schlimmes Wort mehr. Er setzt also die fiktive Filmrealität als allgemeingültige Realität voraus, ist also selbst schon stark manipuliert, und ich werde, weil ich diese Realität bezweifle, als „Ewiggestriger" angesehen.

Die Filme und Sendungen der Medien beeinflussen also unsere Vorstellung von der realen Welt. Nur durch häufige Reisen können wir so ein Bild zurechtrücken, aber wer kann sich das schon leisten? Und – wie das Werwolfbeispiel gezeigt hat – beeinflussen auch die Gedanken der Menschen, die diese Filme gesehen haben, die Gedanken der Menschen, die z. B. gar kein Fernsehgerät haben. Alle unterliegen also diesen Gedankenmanipulationen.

Was kann man also dagegen tun? Man muß seine „Gegengedanken" entwickeln und auch in die Welt schicken. Man muß gedankliche Bilder schaffen, die dann von andern Menschen aufgefangen und „geglaubt" werden. Man muß also selbst beeinflussen und sich nicht nur beeinflussen lassen. Es kommt darauf an, wie stark man seine Gedanken denkt und wie bewußt man das tut. Man sollte an dem eigenen Bild von der Welt festhalten und sich nicht andere Bilder der Welt einreden lassen.

Das eigene Bild von der Welt sollte aber möglichst positiv sein, denn unsere Gedankenbilder wirken auch zurück auf die Welt, trachten danach, sich zu verwirklichen, wenn wir sie nur stark genug denken. Auch negative Gedanken sind übertragbar und wollen sich verwirklichen.

Beispiel Adel: Manche Menschen sehen in Adeligen nur Schmarotzer, die sich jahrhundertelang auf Kosten der anderen Menschen aushalten ließen oder diese gar unterdrückten. Wir Adelige dagegen sehen uns als Menschen mit edlen Anlagen, denen wir zu entsprechen haben. Viele glauben, Adelige müßten doch reich sein und in Schlössern wohnen. In Wahrheit leben von den 80.000 Adeligen nur höchstens 1000 in einem Schloß, und reich sind die meisten auch nicht. Die falsche Sichtweise über die Adeligen war mit dafür verantwortlich, daß 1945 in der Sowjetzone die Adeligen teils brutalst aus ihren Häusern vertrieben wurden.

Falsche Bilder von der Realität führen zu falschem, ja oft sogar kriminellem Handeln. Im 3. Reich unterstellte man den Juden, nicht nur einst Jesu Tod verschuldet zu haben, sondern auch die Geldwirtschaft der Welt zu kontrollieren und an der großen Inflation 1928 Schuld gewesen zu sein. Die Folge waren dann die Nürnberger Rassegesetze und schließlich die Ermordung in den KZs.
Dieses Beispiel zeigt, wie wichtig es ist, Gedanken zu formen, die die Welt nicht so verzerrt darstellen.

Ein Gedanke besteht wie ein Brief aus zwei Teilen: Der „Anschrift" und dem „Inhalt". Die Anschrift ist der Teil des Gedankens, die den Adressaten des Gedankens bezeichnet, auf wen sich der Gedanke bezieht. Der Inhalt ist dann der eigentliche Inhalt des Gedankens. Wenn man bewußt Gedanken aussenden will, also Telepathie betreibt, dann erzeugt man entsprechende Gedanken. Zum Beispiel wenn man will, daß einen eine bestimmte Person anrufen soll, dann ist die „Anschrift" des Gedankens ein Bild dieser Person. Der „Inhalt" des Gedankens ist das Bild, wie diese Person zum Telefon geht, den Hörer abnimmt und unsere Nummer wählt. Wenn wir diesen Gedanken intensiv denken, dann müssen wir ihn loslassen, damit er auf den Weg geht und diese Person erreicht. Würden wir uns weiterhin gedanklich mit diesem Gedanken beschäftigen, würde er nicht losgehen, sondern bei uns bleiben. Wenn nun der Gedanke die Person erreicht, dann kann es geschehen, daß diese Person ihn aufnimmt und gemäß seinem Inhalt handelt und uns anruft. Allerdings gibt es viele Menschen, die Gedanken nur höchst unvollkommen aufnehmen können und selbst wenn die Person den Gedanken vollständig aufgenommen hat, kann es doch geschehen, daß der Mensch sagt: Ich möchte den eigentlich nicht anrufen. Denn wir können unser Tun natürlich immer durch unsern Verstand kontrollieren, und dem Einfluß eines Gedankens müssen wir nicht blind folgen. Wenn so ein Gedanke also nicht dazu führte, daß uns die Person anruft, dann liegt das nicht unbedingt an uns, daß wir es eventuell nicht ganz richtig gemacht hatten, sondern kann genausogut an der betreffenden Zielperson liegen.

Aus den Millionen von Gedanken, die die Menschen in jeder Sekunde denken, entsteht auch eine Art Resultatsgedanke. Das ist so, als wenn man viele verschiedene Farben in einem Topf zusammengießt, am Ende entsteht eine Mischfarbe. Diese ist meist ein schmuddeliges Grau, wenn alle Farben in gleichen Mengen vorkommen. Aber das ist nicht immer so, denn wie gesagt, die Menschen lassen sich beeinflussen und immer wird es gewisse Nuancen geben, so daß so ein Gedankengrau immer noch eine gewisse Richtung aufweist. Es kann z. B. zum Blau oder zum Rot tendieren, je nachdem, wie die Farben (Gedanken) waren.

Bei den Lottozahlen ist es z. B. so, daß täglich alle Zahlen irgendwo gedacht werden, aber einzelne Zahlen vielleicht doch statistisch etwas häufiger, z. B. die Zahl des Datums. Und dieses Gedankenknäuel von Zahlen mit leichten Häufungen wirkt sich dann telepathisch bei der „Ziehung der Lottozahlen" aus – wenn es uns gelingen würde, die „Gedankentendenz" aller Gedanken kurz vor der Ziehung der Lottozahlen zu erspüren und zu tippen, dann würden wir viele richtige Zahlen bekommen. Mehr zu diesem Thema in meinem Buch „Im Roulette gewinnen" (Kersken-Canbaz-Verlag 2013).

Daß Gedanken übertragbar sind und Gedanken sogar Materie beeinflussen können, das ist durch verschiedene Versuche ansatzweise bewiesen. Beim „Würfelversuch" mußten sich mehrere Teilnehmer auf eine bestimmte Würfelzahl konzentrieren, und es wurde durch eine Maschine gewürfelt. Bei 600 Würfen müßte jede Zahl in etwa 100 Mal fallen; es zeigte sich aber, daß die Zahl, auf die sich die Personen konzentrierten, etwas häufiger fiel – zwar nur ein wenig häufiger, aber immerhin statistisch erwiesen. Jeder kann diesen Versuch übrigens selbst zu Hause mit Freunden oder allein wiederholen. Es kommt nur darauf an, sich intensiv zu konzentrieren.

Ein anderer Versuch ließ eine Maus durch ein Labyrinth krabbeln und es wurde gemessen, wie lange die Maus brauchte, um den Weg zum Futter zu finden, das am Ende eines Ganges deponiert war. Dann baute man in einer anderen Stadt ein völlig gleiches Labyrinth und ließ dort eine andere Maus der gleichen Unterart durch dieses neue Labyrinth krabbeln. Diese zweite Maus brauchte nun viel weniger Zeit, um das Futter, welches im gleichen Gang versteckt war, zu finden. Offenbar hatte die erste Maus Gedanken ausgesendet, die die zweite Maus aufnahm und befähigte, das Futter schneller zu finden.

Gedanken können aber nicht nur übertragen werden, sie können auch an Menschen anhaften. Wenn z. B. ein Mann eine schöne Frau vorbeigehen sieht und dabei denkt: „Die ist aber schön", dann bleibt dieser Gedanke an der Frau haften. Der Gedanke hatte ja die Adresse (das Bild der Frau) und den Inhalt (die Aussage, daß sie schön ist). Wenn nun ein anderer Mensch diese Frau sieht, an der dieser Gedanke noch haftet, dann nimmt er ihn auf und denkt „die ist ja schön". Auch dann, wenn diese Frau eigentlich gar nicht sein Typ ist. Wenn sich also Menschen schön machen und so kleiden, dann ziehen sie entsprechend gute Gedanken von Beobachtern an und diese Gedanken wirken zurück auf andere Menschen und aber auch auf die betroffenen Menschen selbst. Wenn Menschen aber schmutzig und häßlich sind, dann ernten sie entsprechend negative Gedanken und diese bewirken, daß alle sie häßlich finden, und sie selbst sich dann auch so sehen werden. Deswegen ist es wichtig, daß wir uns so darstellen, daß wir möglichst gute Gedanken ernten. Ein Mensch, der schön aussieht kann aber auch Gedanken wie „der bildet sich wohl ein, etwas Besseres zu sein" oder „der ist arrogant" ernten, denn Neider gibt es immer.

Wir können dieses Wissen von den Gedanken nun ganz bewußt nutzen und zu unserem Erfolg einsetzen. Wir können uns jeden Morgen vor den Spiegel setzen und auf uns selbst die besten Gedanken aussenden: „Ich sehe gut aus", „ich habe Erfolg", „ich kann alles" usw. Andere werden dann diese Gedanken, wenn sie uns sehen, erkennen und uns genauo wahrnehmen. Wenn wir also etwa zu einer Bewerbung gehen, dann werden wir im Vorstellungsgespräch eher Erfolg haben, wenn wir uns zuvor mit solchen positiven Gedanken aufgeladen haben. Wir müssen dabei allerdings auch unser Unterbewußtsein einsetzen. Wenn wir uns nur krampfhaft etwas einreden, von dem wir in unserem tiefsten Innern gar nicht überzeugt sind, dann blockiren wirselbst, unser Unterbewußtsein, verhindern diese positive Aufladung und der Versuch bleibt wirkungslos. Hier ist man sich oft selbst der größte Gegner.

Reiche Menschen tragen Markenprodukte und bewirken damit, daß Beobachter sie mit dem Gedanken „reich" belegen. Diesen Effekt nutzen Träger von Markenfälschungen (Repliken) aus, indem sie sich diese Gedanken erschwindeln. Sie sind nicht reich, werden aber als „reich" gesehen und mit solchen Gedanken belegt. Ob das aber unbedingt ein Vorteil ist, als „reich" zu gelten, ist eine andere Frage.

Frauen, die sich freizügig oder aufreizend kleiden, werden von Moslems mit den Gedanken „Schlampe, Hure" bedacht, was natürlich auch nicht ideal ist. Umgekehrt ernten burkatragende Moslemweiber von Nichtmoslems Gedanken wie „Islamistin, Fanatikerin" oder dergleichen. Frauen mit kurzen Haaren oder in Hosen (statt Rock) werden oft mit dem Gedanken „Kampflesbe" versehen.

Es ist in unserer vermischten Gesellschaft heute kaum noch möglich, sich so darzustellen, daß man von allen gesellschaftlichen Gruppen nur positive Gedanken erntet. Was in der einen Gruppe als schön gilt, wird in der andern Gruppe abgelehnt.

Gedanken können nicht nur an Personen hängen, sondern auch an Gegenständen. Wir bewahren gerne „Andenken" an unsere verstorbenen Verwandten auf, irgendwelche Gegenstände, die oft keinen besonderen Wert haben, aber die wir aus sentimentalen Gründen behalten, weil schon der Großvater oder die Großmutter diesen Gegenstand besaß. „Andenken" besagt es schon, dem Gegenstand hängt ein „Denken" oder „Gedanke" an. Wenn ich also einen Gegenstand, z. B. mein Haus, ansehe und denke: Das ist schön! dann bleibt dieser Gedanke am Hause hängen und andere, die es sich ansehen, übernehmen ihn und finden das Haus auch schön.

Auch an den uralten Kultstätten der heidnischen Vorfahren, wie z. B. dem Heiligtum Stonehenge (s. Abb. 15), hängen Gedanken. An Orten, wo die Menschen jahrhundertelang zu ihren Göttern gebetet haben, hängen noch heute deren Gedanken. Und wenn wir uns an so einen Ort begeben, spüren wir etwas davon, was man gern die „Aura" eines Ortes nennt. Auch die Wohnung, wo jemand gestorben ist oder ein Verbrechen geschah, hat so eine Aura, wenn auch eine eher negative. Auch Ställe, wo Tiere geschlachtet wurden, oder Folterkammern in alten Gebäuden. Aber auch Orte mit positiven Auren gibt es, oder Orte, wo einst berühmte Menschen gelebt hatten. Zuweilen kann das Erspüren von solchen ortsspezifischen Auren ganz interessant sein.

Abb. 15: Das Heiligtum Stonehenge in Süd-England.

Ärgerlich ist es aber, wenn die übermäßige Jagd den Wald mit einer Aura des Mordens von Tieren belegt. Der Wald, der doch ein Raum des Friedens und der Erholung sein sollte, wird so entwertet zu einem Ort des Schlachtens und Mordens aus purer Lust am Töten. Seine positive Aura wird dadurch ins Negative gewandelt.

Gedanken an Personen oder an Gegenständen haften dort nicht ewig. Mit der Zeit werden diese Gedanken schwächer und bald sind sie nicht mehr zu spüren. Wenn anderslautende neuere Gedanken dazukommen, dann werden die älteren auch teilweise neutralisiert und aufgehoben.

94

Die in den alten Naturheiligtümern vorhandenen religiös-spirituellen Gedanken der Generationen, die dort gebetet hatten, machte sich die Kirche nutzbar, indem sie genau dort auch Kirchengebäude errichtete. So sollte die angehäufte Gedankenkraft auch in der neuen Religion verwendet werden. In den Heiligtümern und auch in den Kirchen wurden ja starke spirituelle Gedanken quasi bewußt erzeugt und in den Götter- oder Heiligenbildern „gespeichert". Diese Bilder wurden auf diese Weise mit Kraft aufgeladen und wenn ein Gläubiger einmal krank war oder schwach, dann konnte er von der dort gespeicherten Kraft etwas aufnehmen, so daß ihm geholfen wurde. Deswegen durfte kein Unberufener in so ein Heiligtum gehen, der vielleicht nur Kraft nimmt, ohne je Kraft abgegeben zu haben. Deswegen wurden solche Orte eingezäunt oder mit Wall eingehegt und auch bewacht.

Mithilfe unserer Gedanken können wir auch Situationen herbeiwünschen. Wir denken uns dann genau das aus, was wir begehren, und schicken diesen Gedanken fort in die Welt. Zum Beispiel, daß wir einen bestimmten Geldbetrag gewinnen. Wir denken uns die Situation, wie er uns ausgezahlt wird und weitere Umstände. Wenn wir das richtig machen, also auch unser zweifelndes Unterbewußtsein dazu bringen, von dem Erfolg überzeugt zu sein, dann wird sich in einer gewissen Zeit die gedachte Situation verwirklichen, wenn es sich nicht um eine unverwirklichbare irreale Situation handelt. Auch ist unser individuelles Karma hier mit entscheidend, das können wir nicht einfach durch Gedanken aufheben.

15.

Odkraft und Schwingungen

Nahe mit der Gedankenkraft verbunden ist das „Gesetz der Resonanz". Es besagt, daß alles was existiert schwingt oder Schwingung ist und daß gleichgelagerte Schwingungen sich anziehen; Gleiches zieht Gleiches an, insbesondere gilt dies auch zwischen der Gedanken- und Gefühlswelt eines Menschen und seinen äußeren Lebensbedingungen. Durch Änderung der eigenen Einstellung können auch die äußeren Umstände verändert werden. Jeder Gedanke, den wir denken, jedes Gefühl, das wir fühlen, zieht ähnliche oder gleichartige Gedanken und Gefühle an. Es reicht bereits aus, daß wir etwas aufmerksam betrachten. Dies erzeugt Gedanken und jeder Gedanke ruft entsprechende Gefühle und Schwingungsmuster hervor. Alle Gedanken, Gefühle und Wünsche erzeugen Schwingungen, die sich von dem Menschen, der sie erzeugte, auf die Außenwelt übertragen und dort Veränderungen bewirken, ob es der Mensch wahrnimmt oder nicht, ob er sich dessen bewußt ist oder nicht. Durch gezielte Ausrichtung der Aufmerksamkeit können so Wünsche und Vorstellungen realisiert werden.

Nichts ruht, alles ist in Bewegung, alles schwingt. Wir sehen das z. B. wenn wir uns die Atome betrachten, um deren Kerne die Elektronen kreisen. Auch die Galaxien kreisen und drehen sich durchs Weltall. Unsere Materie ist nur verdichteter Geiststoff, Odkraft, die nun eine andere Schwingung hat und damit verdichtet wird. Wasser kann fest sein (Eis), flüssig oder gasförmig (Dampf), je nachdem, wie stark die Moleküle des Wassers schwingen.

Das „Gesetz des Rhythmus" besagt, daß das ganze Universum sich jeweils ausdehnt und zusammenzieht und alles Vibration, Welle, Rhythmus und Schwingung unterliegt. Alles fließt aus und ein, hat seine Zeiten, hebt sich und fällt. Die Ausdehnung und Zusammenziehung erfolgt in Zyklen und spiralförmig. Alles verkehrt sich zu gegebener Zeit in sein Gegenteil. Dieses Gesetz ist am besten durch das Bild eines Pendels zu erklären: Das Pendel schwingt auf eine Seite, um dann irgendwann zurück auf die andere Seite zu schwingen. Der Ausschlag des Pendels nach der einen Seite gibt das Maß vor für den Ausschlag nach der andern Seite. Der Rhythmus gleich alles aus.

Eine der wichtigsten spirituellen oder hermetischen Lehren ist, daß das All geistiger Natur ist. Das All ist Geist, das Universum ist geistig. Die Materie ist demnach nur verdichteter Geist. Diesen „Geist" kann man auch „Feinstoff" oder „Od" nennen. In der feinstofflichen Welt wirken die feinstofflichen Wesenheiten, die wir Götter und Geister (Engel) nennen. Sie formen und gestalten aus dem Feinstoff die himmlischen Welten und dort, wo die Götter nicht sind, wo die Gegenkräfte herrschen, ist der Feinstoff zur Materie verdichtet.

Unsere Materie besteht also aus verdichteter Odkraft, man nennt diese Kraft auch Orenda. Im Augenblick nach der Geburt, wenn gerade unsere Seele in den materiellen Körper des Neugeborenen eintritt und dort den ersten Atemzug nimmt, wird mithilfe des gerade verfügbaren Ods das Körperkraftfeld, die „Aura" gebildet. Dieses Kraftfeld ist noch sehr schwach und hält wie ein Magnetfeld die Seele mit dem Geistkörper im materiellen Körper fest. Diese Aura wurde früher auf Heiligenbildern auch dargestellt als eine Aureole um die ganze Figur. Später reduzierte man diese Darstellung allein auf eine Aura um das Haupt der Figur, den sog. „Heiligenschein". Aber das Jesuskind in der Krippe wird traditionell meist noch heute mit es ganz umgebender Aura dargestellt (siehe Figur).

Jede Aura hat eine bestimmte Schwingung. Diese Schwingung kann hoch oder niedrig (hell oder dunkel) sein, je nach Entwicklungsstand der Seele, und jede Aura hat auch eine individuelle Zusammensetzung. Denn sie wird ja direkt nach der Geburt aus den verfügbaren Odsorten gebildet, und diese Sorten werden von den Himmelskörpern (und der Erde) abgestrahlt. Wenn gerade bestimmte Planeten nicht am Himmel stehen (d. h. unterhalb des Horizontes nicht zu sehen sind), wird die Aura keine von deren Odsorten umfassen, dafür aber mehr von den vorhandenen Sorten beinhalten. Auch die Erde als Himmelskörper gibt Od ab, aber dieses Od bekommen alle Erdlinge gleichermaßen, hier unterscheiden sich die Odsorten nur geringfügig je nach Geburtsregion, denn die Erde ist ja nicht überall auf der Welt identisch.

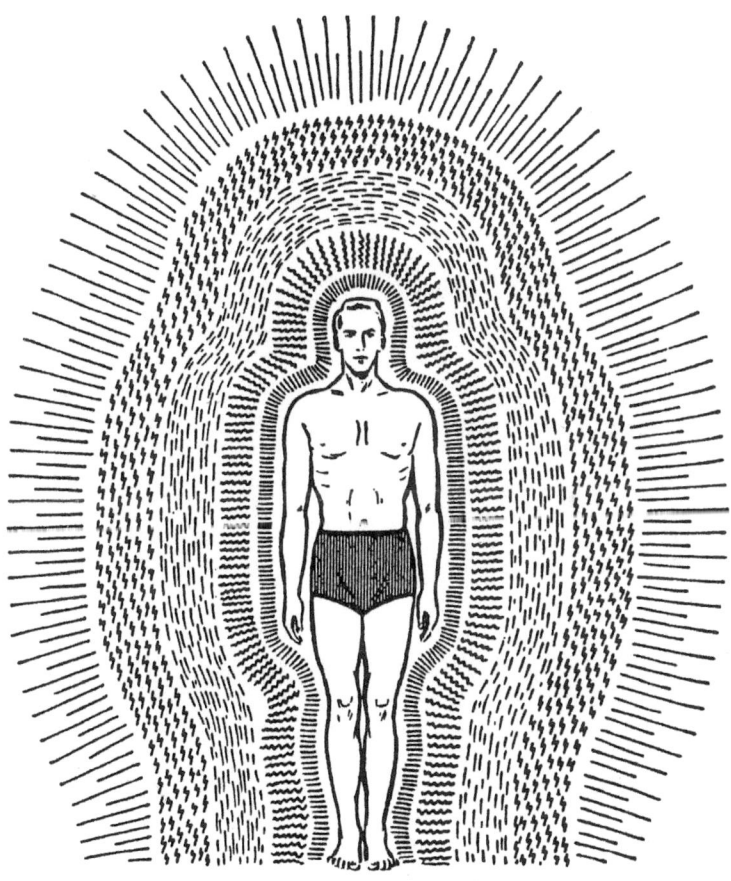

Abb. 16: Die Aura des Menschen mit ihren verschiedenen Schichten.

Die verschiedenen Odsorten kann man also mit den Planeten und Tier-kreiszeichen zusammenbringen, und nun wird auch klar, wie die Astro-logie ursprünglich erklärt wurde: Die Astrologen errechnen, wieviel „Kraft" der Horoskopeigner jeweils von den einzelnen Planeten und Zeichen in seinem Horoskop hat, und da jede „Kraft" (eigentlich: „Od-sorte") je eine spezielle Wirkung hat, kann vom Geburtshoroskop aus auf charakterliche Anlagen oder Schwächen geschlossen werden. Hat also ein Mensch in seinem Horoskop einen starkgestellten Jupiter, dann bedeutet das, daß seine Aura viel von der Odsorte des Jupiter aufweist und er daher im Leben Glück und Erfolg haben wird – dafür steht ja der Jupiter. Menschen mit der Odsorte des Saturn im Übermaße werden eher unglücklich werden. Aber auch hier gilt: Das System ist nicht willkürlich, denn die Geburt wird von den spirituellen Wesen so lange hinausgezögert oder beschleunigt, bis eben genau die Odsorte gerade vorhanden ist, die dem jeweiligen Karma des Kindes entspricht.

Für uns ist wichtig zu erkennen, daß sich gleiche oder ähnliche Schwingungen der Auren anziehen, während unterschiedliche sich eher meiden. Man kann auch sagen: „Gleiches zieht Gleiches an". Man sucht sich also seine Freunde unter den Personen, bei denen man eine schwingungsmäßige Übereinstimmung spürt – das tun wir übrigens ganz unbewußt. Wir sehen irgendwo einen Menschen und finden ihn sympathisch, ohne daß wir wissen, warum er uns denn sympathisch ist. Daß es eine ähnliche Schwingung ist, ist uns meist nicht bewußt. Oder wir sehen einen Menschen, der uns auf Anhieb unsympathisch ist, ohne daß er uns dafür einen Grund geliefert hat.

So werden wir feststellen, daß unsere Freunde uns schwingungsmäßig alle ähnlich sind. Es heißt, was man denkt, zieht man an, wie man denkt, das zieht entsprechende Menschen an, die auch so denken. Und genauso ist es nun mit unbelebten Gegenständen, mit Orten, Regionen usw. Denn auch die ganze Natur hat ihre Schwingungen, alle Tiere, Pflanzen und Mineralien verfügen auch über Odkraft und wir fühlen uns da wohl, wo diese Odkraft unserer eigenen am besten entspricht.

Mit diesem Wissen können wir nun natürlich eigene Defizite ausglei-chen. Ein Mensch, der mehr Erfolg und Glück haben will, dem fehlt vielleicht die Jupiter-Odkraft. Also kann er alles tun, um diese Kraft bei sich zu verstärken, indem er sich an Orte begibt und das zu Zeiten tut, wo Jupiter gerade stark herrscht, oder indem er Jupiter-Mantras singt und sich bewußt dieser Kraft öffnet.

In Asien spricht man von einer bestimmten Energie, der „Lebensenergie" oder dem Chi (auch: Qi, Ki). Chi bedeutet „Energie, Atem, Luft, Hauch, Äther, Fluidum, Kraft, Atmosphäre, Gas oder Dampf". Diese Energie soll möglichst bei uns bleiben und uns stärken. Der Begriff hängt mit unserem Od zusammen, hat aber auch eine Verbindung zur Gedankenkraft.

In Asien gibt es hochbezahlte und angesehene „Feng Shui" Meister, die vor jedem größeren Bauprojekt befragt werden oder die gerufen werden, wenn sich in vorhandenen Gebäuden energetische Schwierigkeiten zeigen, wenn Menschen dort häufiger krank werden oder Unglück und Mißerfolg herrschen.

Nach den Regeln des Feng Shui soll die Energie in die Wohnung gelangen, aber dort nicht gleich wieder heraustreten, sondern sich sammeln. Man achtet z. B. darauf, daß die Eingangstür in einer bestimmten Richtung liegt und nicht gleich gegenüber ein Fenster oder eine Gartentüre liegt, wo dann die Energie gleich wieder heraustreten würde. Man stellt die Möbel so um, daß sich die Energie dort sammelt und jede Ecke eines Raums unterliegt einem bestimmten Element. So wäre es z. B. falsch, den Kühlschrank in der Küche auf die südliche Raumseite zu stellen, wo das Element des Feuers herrscht.

Ich kann und will hier nicht die zahlreichen Regeln des Feng Shui erläutern, es reicht, wenn man einmal weiß, was das eigentlich ist. In Indien gibt es dies übrigens unter dem Namen Vastu Vidya, und auch bei den Germanen waren ähnliche Regeln offenbar bekannt, denn man baute die Häuser in Windrichtung (Ost-West) und setzte die Eingangstüren in die Südseite und auch die Anordnung der Sitze im Innern war festgelegt. Man kannte eine Zuordnung von Gottheiten zu den Himmelsrichtungen und damit auch zu den Elementen (Norden: Erde, Osten Luft, Süden: Feuer, Westen: Wasser) und Rutengänger halfen mit, die idealen Plätze für die Betten zu finden oder Wasseradern zu entdecken. Aber natürlich sind keine Regelsammlungen darüber erhalten.

Allgemein gilt der Satz, daß Energie der Aufmerksamkeit folgt. Wenn wir unsere Aufmerksamkeit also auf bestimmte Personen oder Dinge lenken, stärken wir sie damt mit spiritueller Energie. Wenn wir uns lange gedanklich mit einem Gegner befassen, bauen wir ihn energetisch wie einen Popanz auf und stärken ihn, was wir doch eigentlich gar nicht wollten.

16.

Die Welt der Geschlechter

Ich hatte schon erwähnt, daß unsere Welt polarisiert ist, daß in ihr überall Prinzipien wie männlich-weiblich herrschen. Nach der hermetischen Lehre, die auf den Gott Hermes Trismegistos zurückgeht, der natürlich der Gott Wodan ist, ist Geschlecht in allem, alles trägt ein männliches oder weibliches Prinzip in sich; Geschlecht offenbart sich auf allen Ebenen.

Da fast alle Religionen die freie geschlechtliche Vereinigung zwischen Mann und Frau verurteilen bzw. strikt reglementieren, während unsere säcularisierte Gesellschaft hier gar keine ethischen Werte mehr zu kennen scheint, möchte ich dazu etwas sagen.

Die religiösen Reglementierungen stammen meist daher, daß gesichert sein sollte, daß Kinder tatsächlich von ihrem Vater abstammen, nicht von einem anderen Mann. Kein Mann möchte Kinder anderer Väter aufziehen, d. h. ernähren und unterhalten müssen. Die Natur regelt es im Tierreich mit Wettkämpfen, bei denen der Stärkste sich fortpflanzen darf. Wenn der Vater von jungen Löwen von einem stärkeren Löwen vertrieben wird, beißt der neue Vater die Jungen des vertriebenen Löwenvaters in der Regel tot. Die eigenen Gene sollen weitergegeben werden, und das sollen die Gene des stärksten männlichen Tieres sein.

Beim Menschen ist es ähnlich und das erklärt einige der Restriktionen, die es auf sexuellem Gebiete gibt, etwa daß Frauen nur einen Mann haben dürfen (während oft Männern eine Vielehe gestattet wurde) oder daß Frauen jungfräulich in die Ehe gehen und auch später entsprechend züchtig leben sollten. Hier geht es also um Nachkommen und Fragen der Abstammung, zumal die Kinder ja erbberechtigt sind. In den naturreligiösen Stämmen zählte die Sippe mehr, als das Individuum, und die Sippe bestand nicht nur aus den Lebenden, sondern auch den schon

Verstorbenen im Jenseits. Kinder eines anderen Mannes, der nicht in die Sippe gehört, oder gar „Kuckuckskinder" gefährdeten den Sippenzusammenhalt und mußten unbedingt vermieden werden.

Unabhängig von dem Kinderaspekt gibt es aber bei der Ehe noch einen weiteren Aspekt, das ist der energetische. Mann und Frau sind unterschiedlich gepolt, die Asiaten sprechen von Yin (weiblich, dunkel, passiv, feucht) und Yang (männlich, hell, aktiv, trocken) (siehe Abb. 18 links, S. 106). Man könnte es auch plus und minus nennen. Wenn sich nun Mann und Frau geschlechtlich vereinigen, vereinigen sich auch deren Auren und Energien, und aus dem Plus und Minus entsteht ein Ausgleich, eine Null. Dieser energetische Ausgleich ist es, der die Vereinigung so wertvoll macht, es geht nur vordergründig um geschlechtliche Befriedigung. Alle, die einen Partner suchen suchen in Wahrheit diesen Ausgleich der Urkräfte, es ist ihnen nur meist nicht klar, sie wähnen, daß sie geschlechtliche Befriedigung oder einfach einen Partner als Gefährten suchen.
Wer das bekannte Zeichen von Yin und Yang kennt, der weiß, daß jede der beiden Energien immer auch ein wenig von der jeweils anderen Energie in sich hat, an den Augen des Yin-Yang-Zeichens zu erkennen. Aber diese jeweils andere Energie ist nur in geringem Maße vorhanden.

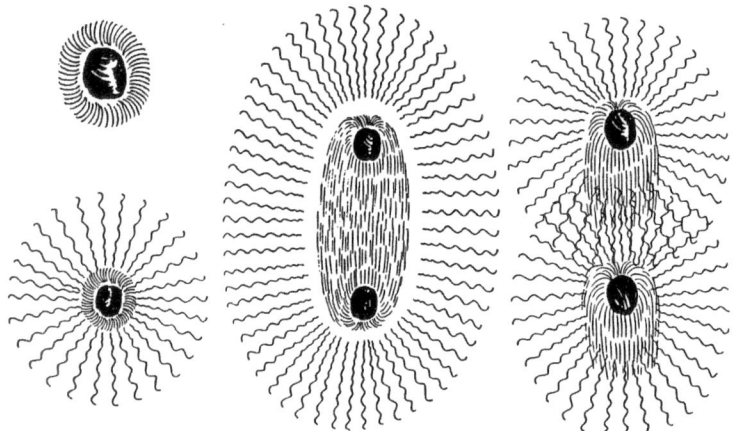

Abb. 17: Auraverbindungen von oben gesehen. Links: Unterentwickelte Aura. Links unten: Normale Aura. Mitte: Optimale Auraverbindung zwischen Mann und Frau. Rechts: Paar ohne aurische Verbindung.

Es geht also bei der geschlechtlichen Vereinigung gar nicht in erster Linie um die Zeugung von Kindern, sondern um den energetischen Austausch und Ausgleich, verbunden mit dem Genuß des Höhepunktes. Damit beantworten sich dann auch die Fragen danach, inwieweit die geschlechtliche Vereinigung nur zur Zeugung zulässig sei, wie oft und in welcher Form sie ethisch akzeptabel ist. Am besten ist hier wohl der Vergleich mit dem Essen. Wir essen, um unseren Körper zu ernähren. Aber wir essen auch, weil es uns schmeckt, weil wir es genießen wollen. Wäre allein die Ernährung das Ziel des Essens, dürften wir nur gesunde Speisen zu uns nehmen. Wir essen aber auch viele Speisen, die nicht gesund sind, einfach weil wir sie genießen wollen. Wir essen auch nicht nur dann, wenn wir Hunger haben, sondern auch dann, wenn wir keinen Hunger haben, einfach weil es an der Zeit ist. Und unsere Essensaufnahme ist ein regelrechtes Ritual geworden, mit einem feierlichen Mahl, schöngedecktem Tisch und gutem Porzellan. Verschiedene Benimmregeln für das Essen sind kulturell bedingt und sollen helfen, den verfeinerten Genuß zu steigern.

Bei der geschlechtlichen Vereinigung zwischen Mann und Frau ist es nun ähnlich: Auch sie findet nicht nur dann statt, wenn ein Kind gezeugt werden soll, sondern regelmäßig auch zwischen Partnern, bei denen einer unfruchtbar ist. Und wir können die Vereinigung ähnlich einem Essen auch in feiner und genußvoller Weise stattfinden lassen. Religionen oder Weltanschauungen, die uns das verbieten wollen, sind von der spirituellen Realität entfernt und wir sollten uns nicht danach richten. Wenn wir essen, dann essen wir das, worauf wir Appetit haben. Wenn wir uns lieben, dann machen wir das in der Weise bzw. der Stellung, wie es uns Freude macht. Gesetze, die bestimmte geschlechtliche Praktiken zwischen Mann und Frau verbieten, wie es solche z. B. in einigen Staaten der USA gibt, sind nicht akzeptabel.

Wenn wir uns das Wissen über den Energieaustausch verinnerlichen, dann wird uns auch klar, warum gleichgeschlechtliche Verbindungen nicht funktionieren können. Nicht nur, daß der Sinn der Ehe, Kinder zu erzeugen, hier nicht erfüllt werden kann, sondern auch der Ausgleich der Energien ist nicht möglich. Wenn man Plus und Plus kombiniert, kommt ein großes Plus heraus, keine Null, kein Ausgleich. Genauso, wenn man Minus mit Minus kombiniert. Das ist der Grund, warum in gleichgeschlechtlichen Beziehungen die Partner viel häufiger gewechselt werden, als in gemischtgeschlechtlichen Beziehungen. Die Beteiligten spüren instinktiv, daß irgendetwas in ihrer Beziehung nicht stimmt, daß ihnen etwas fehlt. Sie glauben, das läge am falschen Partner und hoffen, daß durch einen Wechsel des Partners das Problem gelöst wird. Aber da sie immer einen Partner des gleichen Geschlechtes wählen, feht auch hier wiederum der energetische Ausgleich.

Abb. 18: Links: Yin-Yang-Verbindung in der normalen Ehe.
Mitte: Yin-Yin-Verbindung in lesbischer Beziehung,
Rechts: Yang-Yang-Verbindung bei Homosexuellen.

Meist stellt sich in gleichgeschlechtlichen Beziehungen einer der Partner darauf ein und imitiert das fehlende Geschlecht. In homosexuellen Beziehungen versucht also ein Partner, so eine Art Frau zu markieren, was bis zum Tragen von Frauenkleidung und sehr „tuntigem" (Tunte = Tante, zimperliche Person) Sprachgebrauch gehen kann. In lesbischen Beziehungen markiert eine der Damen einen Mann, trägt bewußt Männerkleidung und kurze Haare und versucht, wie ein Mann zu reden, zu gehen und zu handeln. Aber auch hier kann keine energetische Erfüllung durch den Ausgleich erfolgen, sondern es wird nur nachgespielt, ist „Form", nicht „Inhalt".

Die Natur, also die Götter, hat uns als männliche und weibliche Wesen geschaffen und gewollt. Körperlich sind wir aufeinander abgestimmt, das ist unsere Bestimmung nach unsern Anlagen. Alles andere ist unnatürlich, wider die Natur gerichtet und daher als unnormal zu betrachten. Ob man gleichgeschlechtliche Vorlieben nun als (psychische) Krankheiten ansehen will, wie etwa Pädophilie, oder nur als „unnormal" ist eine Definitionsfrage. Die Vertreter der entsprechenden Interessenverbände argumentieren damit, daß gleichgeschlechtliche Beziehungen auch im Tierreich vorkämen und damit also ganz „normal" und „natürlich" seien. Das ist kein akzeptables Argument, denn auch schlimme Krankheiten kommen ja im Tierreich vor und sind dennoch nicht anzustreben, und wer so eine Krankheit hat, der versucht, sie zu heilen. Niemand würde mit dem Argument, diese Krankheit sei natürlich, auf eine Therapie verzichten. Und wenn wir dann das Argument mit dem Tierreich genauer betrachten, dann kommt dort eine reine Gleichgeschlechtlichkeit gar nicht vor, sondern bestenfalls eine zeitweilig ausgeübte Bisexualität, und zwar fast nur bei Tieren, die in Gefangenschaft gehalten werden oder die überzüchtet sind, und denen der Partner des anderen Geschlechts fehlt. Hier sucht sich dann der Trieb ein anderes Objekt, doch in der Freiheit würden diese Tiere sich nur Partner des andern Geschlechts suchen.

Zuweilen behaupten Menschen, die gleichgeschlechtliche Beziehungen eingehen, sie seien eigentlich im falschen Körper: Weibliche Seelen in einem männlichen Körper oder umgekehrt. Sie glauben, dieses Problem durch eine Geschlechtsumwandlung und durch Hormonzufuhr lösen zu können. Solche Leute nennt man Transsexuelle.

Es stimmt, oft sind es tatsächlich z. B. weibliche Seelen in männlichen Körpern und sie leiden auch darunter. Aber es hat auch einen Sinn, daß es so ist. Vielleicht hat so eine weibliche Seele einstmals in einem früheren Leben falsch gehandelt und soll nun als Mann in einem männlichen Körper lernen, wie die Welt aus dieser Perspektive aussieht. Es geht also darum, ein negatives Karma abzuarbeiten. Den Körper nun einfach umoperieren zu lassn ist keine Lösung, das ist wie ein Verändern der Bedingungen bei einer Prüfung. So wird die Aufgabe nicht gelöst, die Prüfung nicht bestanden. Diese Seelen müssen also erneut in so ein Leben im falschen Körpper inkarnieren und sie verlieren Zeit. Und in der nächsten Inkarnation wird es vielleicht in einem Land sein, das Geschlechtsumwandlungen nicht finanziert oder zuläßt.

Und natürlich ist es ein völliger Trugschluß zu glauben, daß man mit einer Operation aus einem männlichen Körper einen weiblichen machen kann. Bestenfalls können einzelne äußere Merkmale verändert werden, die Energie des Körpers kann nicht umoperiert werden. Ein männlicher Körper, dem man das Zeugungsglied aboperiert hat und eine Vagina durch Operation bildete, ist ein verstümmelter männlicher

Körper, kein weiblicher. Ihm fehlen Eierstöcke und die ganzen sekundären Geschlechtsmerkmale (schmale Tallie, breite Hüften, Brüste, dünnere Haut und weniger Behaarung, er hat einen männlichen Adamsapfel). Nur durch stetige Hormonzufuhr (für das Herstellen dieser Hormone müssen viele Tiere sterben) bilden sich Brüste und weibliche Merkmale. Angenommen so ein Transsexueller würde auf einer einsamen Insel stranden, wo es keine Hormontabletten gibt, dann würde er relativ schnell wieder die männlichen Merkmale entwickeln.

Spirituell richtig ist es also nicht, gleichgeschlechtliche Beziehungen einzugehen oder sein Geschlecht umoperieren zu lassen. Richtig ist es, sich zu fragen, warum man als weibliche Seele in einem männlichen Körper (oder umgekehrt) inkarniert ist und dies zu akzeptieren und zu nutzen, um die Welt aus dieser Perspektive kennen zu lernen. Die Religionen verurteilen daher zu Recht solche gleichgeschlechtlichen Beziehungen.

Auch die Kunden von Prostituierten erleben dort zwar körperliche Befriedigung, aber keinen energetischen Ausgleich, denn die Prostituierten schließen ihre Aura und öffnen sich dem Freier eben nicht (siehe Abb. 17 rechts, Seite 104). Anders könnten sie diesen Beruf gar nicht ausüben. Würden sie sich öffnen, und zwar gegenüber jedem Freier, dann würden sich alle Energien mischen, so daß der Freier auch Energien seiner Vorgänger erhielte, was natürlich niemand wollen würde.

Auch im Jenseits gibt es weibliche und männliche Wesen, selbst die Götter sind männlich oder weiblich. In der germanischen Mythologie gehören immer ein Mann und eine Frau zusammen (etwa: Askr und Embla, Lif und Lifthrasir), und auch die Bibel erwähnt die Dualseelen (Ecclesiasticus 33, 16). Jeder von uns hat also irgendwo seine Dualseele, ein Wesen des anderen Geschlechts, das ihm ideal entspricht. Nur leider kann dieses Dual während wir gerade auf der Erde inkarniert sind im Jenseits weilen oder ganz woanders inkarniert sein. Seine Dualseele auf der Erde zu treffen und zu heiraten, ist also höchst selten. Aber spätestens, wenn wir mit unserer irdischen Entwicklung fertig sind, werden wir unser Dual wieder treffen.

17.

Die Seelenwanderung

Sehr alt ist die Vorstellung einer Seelenwanderung, die man auch Metempsychose (gr. metempsychôsis, „Umbeseelung") nennt. Nach dieser Vorstellung werden im Götterreich laufend neue Seelen erzeugt oder geschaffen, die sich dann durch die Hierarchie der Formen und Körper entwickeln. Die Seelen müssen danach zuerst in den Mineralien inkarnieren, wenn sie das eine Zeitlang getan haben, dürfen sie sich in Pflanzen inkarnieren, von dort werden sie schließlich irgendwann Tiere, d. h. in Tierkörpern inkarniert, um am Ende menschliche Körper einzunehmen. Überall lernen sie und reifen, bis sie schließlich ihre Entwicklung abgeschlossen haben und nicht mehr inkarnieren müssen. Es ist wie eine Stufenleiter in den Himmel, und wurde daher auch so dargestellt (siehe Abb. 19).

In jedem dieser Zustände (Steine, Pflanzen, Tiere, Mensch) durchlaufen die Seelen viele Stufen. So gibt es z. B. bei den Pflanzen höherentwickelte oder niedrigerentwickelt Formen. Schon die alten Iren unterteilten z. B. die Bäume in „Herren des Waldes" oder „Pächter des Waldes" usw. Das System der Seelenwanderung ist heutzutage nicht politisch korrekt, weil es auch beim Menschen von verschiedenen hierarchisch angeordneten Stufen ausgeht, die mit den verschiedenen Rassen verbunden werden. Ich will mich dazu nicht äußern, denn für diesen Glauben an sich ist das nur eine Detailfrage.

Wichtig ist vielmehr, daß wir uns einmal das Verhältnis des Menschen zum Tier nach diesem Glauben ansehen: Die höheren Tiere, die wir heute um uns herum haben, können schon in einer der nächsten Inkarnationen als Menschen wiedergeboren werden. Wenn wir also ein Tier töten, dann ist es der Tötung eines Menschen sehr ähnlich, es trennt die Tierseele vom Menschen vielleicht nur eine einzige Inkarnation. Umgekehrt werden wir Menschen begegnen, deren unausgereiftes Verhal-

Abb. 19: DieEntwicklung der Seele oder des Intellektes durch die verschiedenen Stufen (Mineralreich, Pflanzen, Tiere, Menschen) zum Himmel (der Himmelsburg). In der Hand trägt die Seele die Scheibe ars generalis als Schlüssel. Raimundus Lullus, De nova Logica 1512.

ten uns zeigt, daß sie das erste Mal als Mensch inkarniert sind. In ihrem vorherigen Leben war so ein Mensch noch ein Tier. Man nennt diese Menschen „Erstinkarnationen" und viele von diesen Erstinkarnationen scheinen immer noch im Stadium des Tieres – ihrer letzten Inkarnation – zu stehen, denn sie verhalten sich wie ein Tier. Sie vergessen oder sind sich nicht bewußt, daß Menschen einen Verstand haben und damit das Ausleben der Triebe und Instinkte steuern können. Sie leben ihren Triebe aus und unterstellen ihren Verstand unter die Triebe. Die „Erstinkarnationen" konzentrieren ihr Ego auf sich selbst und die eigenen Bedürfnisse, ohne sich um das Wohlergehen Anderer zu kümmern, sie wissen nichts oder interessieren sich nicht für die höheren spirituellen Prinzipien und sind nicht daran interessiert, zu lernen. Stattdessen zählen für sie die niedersten Stufen des Bewußtseins, Sicherheit, sexueller Genuß und Macht. Mit dem Begriff „Erstinkarnationen" können auch durchaus Seelen gemeint sein, die schon mehrfach inkarniert waren, aber immer noch in ihrer Entwicklung keine nennenswerten Fortschritte gemacht haben.

Aber wir Menschen, die wir schon häufiger inkarniert wurden, sollten die Erstinkarnationen nicht ablehnen, sondern sie so behandeln, wie Eltern ein unmündiges Kleinkind behandeln. Wir müssen also Verständnis haben und diese Menschen von der Fehlerhaftigkeit ihres Tuns überzeugen und ihnen ein gutes Vorbild dafür sein, wie man es richtig macht.

Oft wird gegen den Glauben der Seelenwanderung eingeworfen, daß es doch zahlenmäßig nicht hinkomme. Man erwartet, daß es Milliarden von Mineralien, Pflanzen und Tieren gibt und also auch genausoviele Menschen geben müßte. Doch das muß gar nicht so sein, weil es kein abgeschlossenes System ist. Es gibt Jenseitssphären, in denen Seelen längere Zeit bleiben, es gibt Parallelwelten, d. h. andere Planeten im Universum, auf denen Wesen auch inkarnieren können usw. Laufend erreichen Seelen den Zustand der Vollkommenheit und kommen daher nicht wieder auf die Erde, und laufend beginnen junge Seelen den Weg ganz vom Anfang an.

Der Hinduismus geht übrigens auch davon aus, daß einzelne Menschen zurückfallen können und dann als Tier leben müssen. Das sind sog. „Strafinkarnationen", wo z. B. Menschen, die zu Lebzeiten Tierquäler waren, nun selbst ein Tier werden müssen, um das negative Karma abzuarbeiten. Im Normalfall gibt es nur eine Vorwärtsentwicklung, keine Rückentwicklung. Aber nach diesem Glauben kann ein Tier eben auch eine menschliche Seele enthalten.

Man hat sich oft gefragt, in welchen Abständen wir uns auf der Erde inkarnieren. Es geschieht ja nicht gleich nach dem Tode im vorigen Leben, denn wir sind ja danach ersteinmal eine Zeitlang im Jenseits. Mystiker haben 12 x 12, also 144 Jahre angenommen, Astrologen sagen, daß in uns unsere Alteltern (= Ururgroßeltern) inkarniert sind, d. h. in unserem früheren Leben waren wir einer der 16 Alteltern. Ein Horoskop zeigt ja im 1. Haus uns selbst, im 4. Haus unsere Eltern, im 7. Haus unsere Großeltern und im 10. Haus unsere Urgroßeltern. Im 13. Haus, das ja wieder das erste ist (weil das Horoskop ein Kreis ist), stehen dann unsere Alteltern zugleich und wir selbst.

18.

Zeit ist relativ

Die Materialisten verstehen die Zeit oder den Ablauf der Zeit als eine gerade Linie, die von der Vergangenheit in die Zukunft reicht. Irgendwo auf dieser Linie wandelt ein Punkt, den man die Gegenwart nennt. Er wandelt kontinuierlich weiter in Richtung Zukunft.

Allerdings gehen die Wissenschaftler auch davon aus, daß die Zeit erst mit dem Urknall begonnen hat, da sind Zeit und Raum erst entstanden. Die Zeit „eine Sekunde vor dem Urknall" gab es danach also nie. Somit wäre die Zeit ein Strahl, der an einem Punkt (Urknall) beginnt und nun in eine unendliche Zukunft führt. Die Gegenwart schreitet auf diesem Strahl kontinuierlich fort.

Die Physik erklärt außerdem, daß Zeit und Raum zusammenhängen und Zeit unterschiedlich schnell abläuft, wenn zwei sich aufeinander zubewegende Beobachter sie messen. Auch in Anwesenheit von großen Massen läuft die Zeit in anderer Geschwindigkeit ab. Wenn wir uns die Sterne ansehen, dann blicken wir in die Vergangenheit, weil das Licht von diesen Sternen aus der Vergangenheit stammt und Millionen von Lichtjahren braucht, um endlich hier anzukommen. Mancher Stern, den wir heute sehen, existiert vielleicht schon lange gar nicht mehr. Lebewesen auf andern Planeten, die unsere Erde ansehen, sehen hier vielleicht immer noch nur einen Feuerball, oder sie sehen eine Welt mit Dinosauriern. Diese Fragen sind hier aber nicht so wichtig.

Für die materialistische Auffassung der Zeit ist also die Vergangenheit für immer vergangen, sie kommt nie wieder. Die spirituelle Auffassung aber verstand die Zeit zunächst als kreisförmige Entwicklung. Wenn ein Kreis einmal ganz umrundet ist, geht es wieder von vorne los. Aber da wir ja wissen, daß sich die Vergangenheit niemals genauso wiederholt, wurde das Modell erweitert. Nun stellt man sich vor, daß die Zeit spiralförmig abläuft. Wenn ein Kreis durchlaufen wurde, beginnt ein neuer, aber auf höherer Ebene. Dieser liegt genau über dem gerade durchlaufenen (und allen früheren Kreisen) und daher gibt es bestimmte Ähnlichkeiten der parallel übereinanderliegenden Abschnitte der Spiralen. Dieses Modell sieht also aus wie eine Sprungfeder.

Auch dieses System läßt Fragen offen, denn eine Spirale mit gleichgroßen Kreisbögen bedeutet doch, daß die verschiedenen Bögen immer in gleichen Abständen wechseln, z. B. in 2000 Jahren. Somit müßten sich Ähnlichkeiten der Geschichte immer in genau diesen Abständen von 2000 Jahren wiederholen, was man aber nicht feststellen kann.

Das bislang beste System geht davon aus, daß die Zeit in spiralförmigen Bögen abläuft, die unregelmäßig auf einer Kugel liegen. Sie sind also nicht parallel angeordnet, sondern kreuz und quer, wie man auch den Faden auf ein Wollknäuel aufrollt (siehe Figur). Der Faden ist überhaupt ein optimales Symbol für die Zeit.

Auf diesen Kreisbögen auf der Kugel gibt es schon zuweilen auch fast parallel liegende Wicklungen. doch kommen genauso Kreuzungen der Bögen vor. Diese Kreuzungen können in spitzem Winkel bis rechtwinklig sein. Wenn wir uns nun unsern Gegenwartspunkt auf dieser Linie auf der Kugel vorstellen, so kreuzt dieser häufig ältere Wicklungen. Wenn er gerade so einen Kreuzungspunkt überschreitet, findet eine Berührung mit der darunterliegenden, kreuzenden Wicklung statt. Das ist so ein Zeitpunkt, an dem Vorstellungen früherer Zeiten (der Vergangenheit) in die Gegenwart gelangen. Aber wenn die Kreuzung über-

114

schritten ist, ist das auch schon wieder vorbei. Eine spitzwinklige Kreuzung, bei der die Linien (oder Fäden) nahe zusammenliegen und sich dann kreuzen, bedeutet eine längere Beeinflussung, eine Kreuzung in einem größeren Winkel bedeutet eine kürzere Beeinflussung.

Wir alle wissen, vieviele Jahrtausende unsere Erde schon besteht, unser ganzes Universum. Somit gibt es überall kreuzende oder parallel liegende Fäden, wobei die älteren Fäden schon von späteren Fäden verdeckt sind und deswegen kaum noch oder gar nicht mehr wirken, während die oberen (jüngeren) Windungen stark wirken können. In unsern Sagen, z. B. einer aus Rügen, finden wir häufig die Erzählungen von Entrückungen in der Zeit, wenn etwa Spielleute an einem Burgwall vorübergehen, dort altmodisch gekleidete Menschen sehen und ihnen zum Tanze aufspielen sollen. Schließlich kommen die Spielleute wieder nach Hause, aber alles sieht anders aus. Es sind während der kurzen Zeit, wo sie aufspielten (eine Stunde), 100 Jahre vergangen und sie hielten sich offenbar in der Vergangenheit auf.

Ein Beispiel für die Beeinflussung durch eine ältere Zeitwindung: In Deutschland begann 1897 der sog. Jugendstil, der etwa bis 1906, in abgeschwächter Form bis 1918 ging. Danach kamen andere Stile auf und der Jugendstil war unmodern. In den 70er Jahren finden wir nun plötzlich viele Jugendstil-Elemente, die die 68er Bewegung wieder aufgebracht hatte. Der „Faden" der 70er-Jahre hat also den Faden des Jugendstils von 1897-1906 gekreuzt. Das war nur eine kurze Beeinflussung, die aber anhand der Graphik der Zeit nachgewiesen werden kann. Davon zu unterscheiden sind allgemeine Rückbesinnungen auf frühere Zeiten als Ausdruck der Unzufriedenheit mit der Gegenwart (etwa: Die Mittelalterbewegung).

Die Zeit läuft also zwar in gewisser Weise kontinuierlich auf einer Linie ab, unterliegt aber immer auch älteren Einflüssen. Man spricht von bestimmten Zeit-Qualitäten. Das materialistische Bild der Zeit kann diese Qualitäten nicht erklären.

Das Bild des Fadens für den Ablauf der Zeit, und vor allem, als Bild des individuellen Lebens (der Lebensweg) ist uralt. Schon in vielen Märchen wirft der Held ein Zauberknäuel aus, das sich abwickelt und ihm so den Weg (seinen Lebensweg) vorgibt. In der Mythologe sind es drei Frauen, die als Schicksalswalterinnen diesen Lebensfaden erzeugen. Man nennt sie die drei Nornen oder Parcen (auch: Faten, Feen) (siehe Abb. 11, S. 66). Die älteste Norne spinnt den Faden, die mittlere Norne mißt seine Länge und die dritte Norne schneidet den Faden ab. Der Faden als Bild des menschlichen Lebens, eigentlich der menschlichen Inkarnation. Die dritte (jüngste) Norne ist dabei besonders gefürchtet, da sie ja das Lebensende herbeiführt, doch dessen Zeitpunkt wird eigntlich von der mittleren Norne bestimmt.

Wer schon einmal einen von Hand mit Handspindel gesponnenen Faden gesehen hat, der weiß, daß so ein Faden nie ganz geichmäßig dick wird. Das geht nur bei modernen Spinnmaschinen. Stellen, wo der Faden dünner ist, bedeuten, daß die Lebenskraft in diesem Zeitabschnitt schwächer sein wird (möglicherweise eine Krankheit), dickere Stellen zeigen viel Kraft an. Auch Knötchen oder Fremdkörper im Faden (etwa Späne) können also z. B. Hindernisse bedeuten.

Aber damit ist das Bild noch nicht beendet. Die verschiedenen Lebensfäden der Menschen werden zu einem Gewebe verwebt. Dabei liegen viele Fäden parallel neben dem des eigenen Lebens, das sind die Menschen, die mit uns gehen, uns begleiten. Und dann gibt es die quer verlaufenden Fäden. Das sind Menschen, denen wir nur kurz begegnen, Gegner oder Menschen, die unser Leben nur kreuzen. Zusammen ergibt das Gewebe das Schicksal für alle, deren Fäden dort verwebt sind. Und wenn ein Faden zu Ende ist, dann muß ein neuer angeknotet werden, denn sonst würde das Gesamtgewebe ja Risse (Löcher) bekommen. Dieser angeknotete neue Faden ist ein neues Leben, eine neue Inkarnation für den, dessen Faden zu Ende war, also eine Wiedergeburt in einem neuen Körper.

19.

Wie oben so unten

Das ist das spirituelle Gesetz, was ich bisher noch nicht erwähnt hatte, das „Gesetz der Analogie". Ganz einfach ausgedrückt bedeutet das, „wie oben, so unten", „wie innen, so außen", „wie der Geist, so der Körper". In der Mythologie z. B. erschaffen die Götter den Kosmos aus den Teilen eines Urriesen (siehe Abb. 20), also z. B. die Himmelskuppel aus seiner Hirnschale. Dieser Mythos drückt das Analogiegesetz aus und zeigt uns, daß auch das große System des Universums mit einem Körper und seinem System vergleichbar ist, daß also unser Körper, auf dem ja auch Milliarden von Lebewesen (Bakterien) existieren, ein eigenen Universum im Kleinen ist. Die äußeren Verhältnisse spiegeln sich im Menschen und umgekehrt.

Das bedeutet auch, daß unser Weltall eben kein totes Weltall ist, sondern wie unser Körper lebt. Materialisten hingegen sehen das Weltall als totes Gebilde.
Der Vergleich mit einem Körper hilft uns, die Belebtheit und Beseeltheit des Universums zu verstehen.

Die Verhältnisse im Universum entsprechen denen im Individuum oder „der Mikrokosmos entspricht dem Makrokosmos".

Immerhin ist die auffällige Ähnlichkeit der Vorgänge in den kleinsten Teilchen mit den Vorgängen in unserem Sonnensystem auch den Materialisten aufgefallen. Um das Atom kreisen die Elektronen wie Planeten die Sonne umkreisen oder Sonnensysteme den Mittelpunkt der Galaxie umkreisen oder die Galaxien selbst im All kreisen. Alles ist irgendwie ähnlich und einander entsprechend. Auch unsere Haut, die ja für den Austausch mit der Umgebung verantwortlich ist und mit der wir auch atmen, ist vergleichbar mit den feinen Kapillaren auf den Blättern der Bäume. Die Bäume atmen ja mit ihren Blättern.

*Abb. 20: Die drei Schöpfergötter töten den Urriesen Ymir, aus dessen
Teilen die ganze Welt geschaffen wird.*

Der Mann, der einen Teil der Sahara wiederaufgeforstet hatte, St. Bar-
be-Baker, sagte einmal:

>*Ein Mensch kann nicht überleben, wenn seine Körperoberfläche nicht
wenigstens ein Drittel intakter Haut aufweist, und ein Planet kann nicht
überleben, wenn seine Landoberfläche nicht zu einem Drittel von Bäu-
men bedeckt ist<.*

118

Diese Kenntnis in etwas abgewandelter Form nutzten früher die Magier und Zauberer, die die Sympathiemagie betrieben. Sie stellten einen erwünschten Zustand im Kleinen nach, setzten ihn mit dem Großen Zustand gleich um damit eine Wirkung im Großen zu erreichen. So gab es z. B. einen Regenzauber, bei dem ein Mädchen auf der Erde liegend mit Wasser begossen wurde. Das Mädchen sollte die Erde bedeuten, das Wasser den Regen aus den Wolken. Damit sollte erreicht werden, daß es zu Regnen anfängt und eine Trockenheit überwunden wird. Oder der Schadenszauberer nahm eine Wachspuppe, stach hinein und wollte damit erreichen, daß ein bestimmter Mensch (den die Puppe symbolisierte) verwundet wurde. Das Prinzip der Magie geht davon aus, daß sich Veränderungen im mikrokosmischen Bereich (im „Kleinen") auf den Makrokosmos (die „Gesamtheit", das „Große") auswirken.

Wenn es bei derartigen Zaubern keine Erfolge gegeben hätte, hätte sich diese Form der Magie nicht weltweit und teilweise bis heute (Voodoo) erhalten können.

Das Analogiegesetz hat man aber auch noch von seiner Bedeutung her erweitert. Es heißt nun auch, daß das Innen nach seiner Entsprechung im Außen sucht, daß jeder Gedanke nach einer Entsprechung in der Materie trachtet und daß das, was ich denke, ich auch bekommen werde. Damit wären wir dann wieder beim Kapitel der Gedanken, denn diese Auslegung des Analogiegesetzes geht in die Richtung der Gedankenübertragung.

20.

Gott

Wir haben nun das spirituelle Weltbild ein wenig kennengelernt; hier am Schluß des Buches soll es nun um das Ziel der menschlichen Entwicklung gehen, um „Gott". Materialisten und Atheisten glauben nicht daran, daß es ein Wesen wie „Gott" überhaupt gibt, denn weder kann man Gott sehen, noch irgendwie ein Eingreifen von Gott erkennen.

Dem Anhänger des spirituellen Weltbildes ist diese Haltung völlig unverständlich und erinnert an einen Fisch, der abstreitet, daß es Wasser gibt. Wie dieser Fisch vom Wasser, sind wir überall von den Kräften Gottes umgeben, wir müssen nur bereit sein, das auch zu erkennen.

Die Bezeichnung „Gott" gibt es nur bei germanischen Stämmen, es gibt kein indogermanisches Urwort aus diesem Stamm. Man hat deswegen so ein Urwort erschlossen und deutet den Begriff „Gott" als das „Wesen, das angerufen wird" oder „das durch Trankopfer verehrt wird" – beides reine Spekulationen. Wahrscheinlicher ist wohl eher, daß diese Bezeichnung vom Namen des obersten germanischen Gottes Wodan (siehe Abb. 21) abgeleitet wurde. Wodan wurde nämlich bei den Langobarden „Guodan" oder „Gotan" genannt, wie der Chronist Paulus Diaconus überlieferte. Durch Verkürzung kann aus „Guodan" schnell „Guod", aus „Gotan" „Got" (mittelhochdeutsch für „Gott") werden. „Gott" ist also eigentlich nur eine Schreibvariante des Namens des höchsten Gottes der Germanen, des Allvaters Wodan.

Unsere Vorstellungen von „Gott" sind leider höchst unvollkommen. Immer noch stellen wir uns „Gott" als alten Mann vor, der durch den Garten Eden wandelt und sich über die sündigen Menschen ärgert. Er ist höchst rachsüchtig und steht immer mit den Menschen im Streit.

Nein, dieses biblisch begründete Bild hat mit „Gott" oder „Allvater"

Abb. 21: Allvater Wodan auf dem Roß Sleipnir.

wenig zu tun, auch wenn sich die Germanen Wodan personifiziert und mit Attributen (z. B. dem achtbeinigen Roß Sleipnir) vorstellten. So eine Form kann Allvater natürlich annehmen, wenn Er mit Menschen in Verbindung treten will, doch ist Seine Existenz nicht an genau so eine Form gebunden. Allvater könnte sich auch in einer ganz anderen Form zeigen.

Im Anfang aller Entwicklung, als es noch keinen Raum, keine Zeit, kein Weltall und keine spirituellen Wesen gab, gab es nur dieses eine Wesen, das wir „Gott" nennen. „Gott" wollte sich entwickeln, wollte sich selbst erkennen, was nur möglich war, wenn „Gott" weitere Wesen schuf, um sich so aus einer andern Perspektive zu sehen. So schuf „Gott" oder „Allvater" eine Göttin, die „Allmutter" (siehe Abb. 22) und zusammen erzeugten sie die anderen Götter. Die Götter schufen nun die himmlischen oder spirituellen Welten und schließlich auch die Geister oder Engel, die diese Welten bevölkerten. Auch die Welt der Verdichtung entstand, auf der wir uns befinden, um uns zu entwickeln und neue Erkenntnisse zu erlangen.

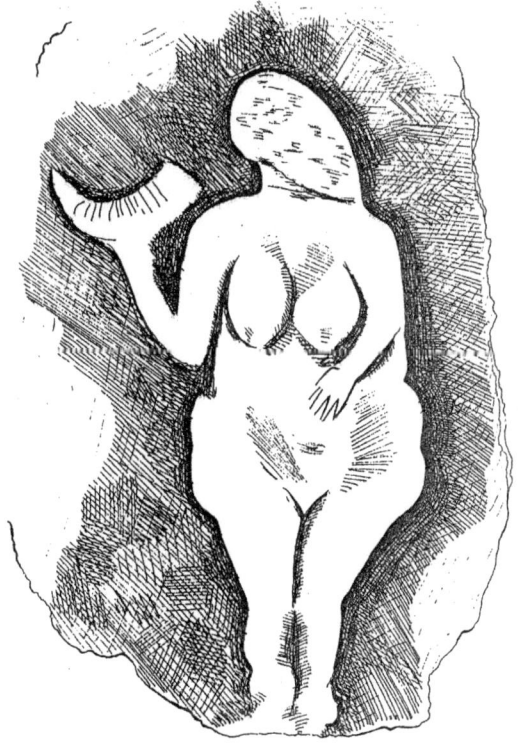

Abb. 22: Göttin mit dem Horn. Wandrelief aus der Höhle von Laussel bei Marquay (Dordogne, Frankreich), 28000 Jahre vor unserer Zeit.

Jedes Wesen hat in sich einen Funken von Gott, sonst könnte es gar nicht leben. Diesen Funken wollen wir zum Leuchten bringen, indem wir ein gutes Leben führen. Mit uns zusammen entwickelt damit auch dieser göttliche Teil in uns sich weiter, unsere Entwicklung ist auch eine Entwicklung Gottes.

„Gott" ist weise und straft uns nicht – jedes Ereignis, das wir aus unserem begrenzten menschlichen Blickwinkel als „Strafe Gottes" ansehen, ist in Wahrheit immer nur eine Folge des Handelns der Menschen. Meist sehen wir ja im Tode die „Strafe Gottes", doch wie ich schon erläutert hatte, ist der Tod niemals eine Strafe sondern ein natürliches Gegenstück zur Geburt, ein Tor in die andere Welt hinein, wie die Geburt ein Tor in unsere Welt hinein ist. Von daher sind Naturkatastrophen, denen Menschen zum Opfer fallen, nur die Erfüllung des Schicksals und keine „Strafe". Wir müssen lernen, unsere Welt nicht aus der menschlichen Perspektive zu betrachten, sondern von einer höheren Warte aus sehen.

Schon die Germanen haderten zuweilen mit Wodan und warfen ihm vor, die guten Männer sterben zu lassen und die schlechten zu verschonen. Sie begriffen nicht, daß die Entwicklung der Guten abgeschlossen ist, daß sie nun in die himmlischen Welten aufgenommen werden konnten und ihre Lehrzeit auf der Erde beendet war, während die Schlechten eben noch viel zu lernen hatten, was auf der Erde zu geschehen hatte.

Wenn wir uns auch einmal klarmachen, daß wir alle (Menschen und Tiere) einen göttlichen Funken (in der Edda „Lá" genannt, „Lohe") in uns haben, dann wird auch verständlich, warum wir unsere Mitmenschen oder die Tiere nicht bekämpfen sollten. Schließlich kann nicht ein Teil Gottes einen anderen Teil bekämpfen, wie ja auch nicht einer unserer Arme den anderen bekämpft. Wir sollten lernen, überall diese Kraft Gottes zu erkennen, um uns dahinein zu integrieren. Das Gebot der Nächstenliebe setzt dieses Wissen voraus.

Das bedeutet aber nicht, daß wir unsere eigenen Interessen aufgeben sollen, sondern wir müssen auch unsere Errungenschaften verteidigen, unseren Lebensraum für uns und unsere Nachkommen freihalten, wie ja auch im Tierreich die jeweiligen Reviere verteidigt werden.

Durch uns, durch die Menschen und Tiere, wirkt im Idealfall Gott selbst, nur bei Menschen, deren göttlicher Funken sehr verdunkelt ist, können wir dieses göttliche Wirken nicht erkennen. Ich denke hier an die islamischen Mörder, die alle, die nicht ihrem moslemischen Irrglauben folgen, brutalst hinrichten. Hier ist ein göttliches Wirken nicht mehr zu erkennen, trotzdem sich diese Menschen auf eine Religion beziehen. In der Vergangenheit hatten auch andere Religionen viele Greueltaten zu verantworten, etwa die Inquisition und Hexenverbrennungen durch die christlichen Kirchen und ihre Vertreter.

Immer war der Grund dafür das Machtstreben dieser Religionen und die Intoleranz gegenüber anderen Bekenntnissen. Wir dürfen aber nicht das Kinde mit dem Bade ausschütten und uns nun von jedem Glauben an höhere Mächte lossagen. Nein, wir müssen akzeptieren, daß Menschen Fehler machen und dürfen nicht nachlassen in unserem Streben nach Vollkommenheit und Erleuchtung auf unserem Rückweg zu Gott.

Die vermeintlichen Unvollkommenheiten unserer Welt sind eine Folge unseres freien Willens. Wir können unsern freien Willen eben auch egoistisch und gegen andere Menschen einsetzen. Eine vollkommene Welt kann es mit dem freien Willen gar nicht geben, denn das bedeutete ja, daß wir uns immer in einer bestimmten Weise zu entscheiden hätten und damit bestünde kein freier Wille mehr. Auch würde eine vollkommene Welt bedeuten, daß wir keine Möglichkeit mehr finden würden, um diese Welt zu verbessern. Es gäbe nichts, was wir kritisieren könnten, da ja alles bereits vollkommen wäre. Das Leben wäre für uns ohne Aufgabe oder Ziel, es wäre sehr langweilig. Wir könnten uns mit sachlicher Kritik nicht mehr profilieren, wir könnten uns nicht daran erfreuen, etwas zum Besseren gewendet zu haben.

Wenn dieses Büchlein helfen konnte, das spirituelle Weltbild ein wenig verständlicher zu achen, dann hat es seinen Zweck erfüllt. Auch wenn es in Detailfragen auch anderslautende Vorstellungen gibt, so besteht doch im Großen und Ganzen bei den Vertretern dieses Weltbildes Übereinstimmung.

Kontakt zum Verfasser:
nahodyl@gmx.de

Abbildungsnachweis:

1, 8, 10, 13, 19: Alexander Roob, Alchemie & Mystik, Benedikt Taschen Verlag 1996.
2, 5, 6, 7, 15, 18, 21, 22: Archiv des Verfassers.
3, 4: Rechtefreie Bilder aus dem Weltnetz.
9: Gert Kaiser, Der tanzende Tod, Insel Verlag 1982.
11, 20: Hans von Wolzogen, Aus germanischer Vorzeit, Berlin o. J.
12: Wolfgang de Bruyn, Fidus – Künstler alles Lichtbaren, Verlag Schelzky & Jeep, 1998.
14: Herbert Gottschalk, Lexikon der Mythologie, Heyne 1979.
16, 17: Karl Spiesberger, Runenexerzitien – Runenpraxis der Eingeweihten, Verlag Richard Schikowski, 1982.

Titelbild:
Flammarions Holzstich „Wandrer am Weltenrand" oder „au pelerin" („auf Pilgerschaft"). Aus Camille Flammarions Werk „L'atmosphère. Météorologie populaire" Paris 1888, S. 163.

Weitere Bücher des Verfassers:

Unter dem Realnamen oder dem Pseudonym „Geza von Nemenyi".

Baron Árpád von Nahodyl, "Im Roulette gewinnen - Mit welcher Strategie man im Roulette und Lotto gewinnen kann", Kersken-Canbaz-Verlag 2013, 75 Seiten,21 farbige Abbildungen, ISBN 978-389423-135-4, 12,80 €

Baron Árpád von Nahodyl, "Adeliges Bewußtsein - Welches Selbstverständnis man als Adeliger in der modernen bürgerlichen Welt hat und wie man es lebt", Books On Demand 2013, 236 Seiten, 20 Abbildungen, ISBN 978-3-7322-8898-4, 14,90 €.

Géza von Neményi, "Götter, Mythen, Jahresfeste - Heidnische Naturreligion", Reihe Altheidnische Schriften, Kersken-Canbaz-Verlag 2004, 284 Seiten, 40 Abbildungen, ISBN 3-89423-125-4, 23,90 €.

Géza von Neményi, "Heilige Runen - Zauberzeichen des Nordens", Heyne 2003, 2. Auflage Ullstein 2004, 460 Seiten, 99 Abbildungen, ISBN 3-453-86457-3, 11,95 €. (Russische Übersetzung bei Veligor).

Géza von Neményi, "Die Wurzeln von Weihnacht und Ostern – Heidnische Feste und Bräuche", Reihe Altheidnische Schriften, Kersken-Canbaz-Verlag, Holdenstedt 2006, 275 Seiten, 62 Abbildungen, ISBN 3-89423-132-7, 24,80 €.

Géza von Neményi, „Lieder der Vorzeit – Götterlieder, Heldenlieder und alte Volkslieder", Reihe Altheidnische Schriften, Verlag Books on Demand, Noderstedt 2013, 392 Seiten, fest gebunden, ISBN 978-3-8482-6853-5, 39,80 €.

Géza von Neményi, "Die Sprache der Vögel - Deutung von Angang, Flug und Stimme der Vögel", Reihe Altheidnische Schriften, Kersken-Canbaz-Verlag 2015, 161 Seiten, 60 Abbildungen, ISBN 978-3-89423-137-8, 13,80 €.

Géza von Neményi, "**Kommentar zu den Götterliedern der Edda –
Teil 1, Die Odinslieder**", Reihe Altheidnische Schriften, Kersken-
Canbaz-Verlag, Holdenstedt 2008, 250 Seiten, 20 Abbildungen, davon
13 in Farbe, ISBN 978-3-89423-133-0, 29,80 €.

Géza von Neményi, "**Kommentar zu den Götterliedern der Edda –
Teil 2, Die Thorslieder**", Reihe Altheidnische Schriften, Kersken-
Canbaz-Verlag 2012, 151 Seiten, 26 teils farbige Abbildungen, ISBN
978-3-89423-133-0, 22,90 €.

Géza von Neményi, "**Kommentar zu den Götterliedern der Edda –
Teil 3, Die Vanenlieder**", Reihe Altheidnische Schriften, Kersken-
Canbaz-Verlag, Holdenstedt 2014, 221 Seiten, 11 Abbildungen, davon
7 in Farbe, ISBN 978-3-89423-136-1, 27,80 €.

Baron Árpád von Nahodyl, "Zukunftsschau mit Spielkarten" erscheint voraussichtlich Mitte 2015 im Kersken-Canbaz-Verlag.

Baron Árpád von Nahodyl, "Zukunftsschau mit Tarotkarten" erscheint voraussichtlich Mitte 2015 im Kersken-Canbaz-Verlag.

Baron Árpád von Nahodyl, "Zukunftsschau mit Runen" erscheint
voraussichtlich Mitte 2015 im Kersken-Canbaz-Verlag.